LA
PHILOSOPHIE
D'UNE FEMME

PAR

MADAME LOUISE D'ALQ

PARIS

LIBRAIRIE DES BIBLIOPHILES

Rue Saint-Honoré, 338

M DCCC LXXXVII

LA PHILOSOPHIE

D'UNE FEMME

<u>5588</u>

DU MÊME AUTEUR

LE NOUVEAU SAVOIR-VIVRE UNIVERSEL, en 3 tomes.
  I. *Le Savoir-Vivre dans toutes les circonstances de la vie.*
  II. *La Science du monde.*
  III. *Usages et Coutumes pour toutes les professions.*
LA VIE INTIME.
LA SCIENCE DE LA VIE.
NOTES D'UNE MÈRE sur l'éducation des garçons et des filles.
LE CARNET DU VIEUX DOCTEUR.
LE MAITRE ET LA MAITRESSE DE MAISON (illustré).
L'HORTICULTURE AU SALON ET AU JARDIN (100 dessins).
LES OUVRAGES DE MAIN EN FAMILLE (400 dessins).
FORTUNE ET RUINE, nouvelles pour jeunes filles.
LE TROUBLE-MÉNAGE.
L'HÉRITIÈRE DE SANTA-FÉ, roman américain.

Chaque volume : 5 fr., rel. 7 fr.

VIENT DE PARAITRE :

A TRAVERS LA VIE (collection des moralistes). Édit. Ollendorff, petit in-32, avec encadrements rouges. Broché : 4 fr. Relié : 6 fr.

LA
PHILOSOPHIE
D'UNE FEMME

PAR

MADAME LOUISE D'ALQ

PARIS

LIBRAIRIE DES BIBLIOPHILES

Rue Saint-Honoré, 338

—

M DCCC LXXXVII

Droits de reproduction et de traduction réservés.

INTRODUCTION

Il y a des livres qui sont faits pour être vendus en grand nombre, d'autres qui sont réservés à une classe spéciale de lecteurs privilégiés. Les livres qui se vendent le plus ne sont pas toujours les préférés d'un auteur qui a dû sacrifier au goût du public! Aujourd'hui le lecteur veut être amusé, et l'écrivain le plus moraliste cherche à si bien envelopper la pilule de la morale qu'elle finit par passer inaperçue.

Pour la rendre moins amère, on nous présente la vertu tellement dissimulée par le vice aimable et spirituel que la trace de cette vertu se perd tout à fait. Ceux qui n'ont pas la ferme volonté de la découvrir ont bien facile à la laisser de côté. Qu'on ne s'y trompe pas, ce n'est pas en côtoyant le mal d'aussi près que la littérature, pas plus que le théâtre, améliorera les mœurs. Ce n'est pas non plus en nous montrant des héros romanesques susceptibles d'exalter notre imagination.

C'est comme de ces faits divers, dans les journaux, qui relatent la façon dont les voleurs et assassins s'y prennent pour commettre leurs méfaits ; ils servent bien plus d'enseignement aux malfaiteurs novices que de leçons aux intéressés. Chacun est convaincu qu'il saura mieux s'y prendre, et commence par sucer le venin du fruit défendu. Dans le récit des malheurs d'une femme abandonnée de l'homme qu'elle a trop aimé, la lectrice ne pense qu'à l'ivresse des heures d'amour, elle est persuadée qu'elle ne sera jamais délaissée ; à lire un fait héroïque, le lecteur s'intéresse, mais dans son égoïsme, il ne se soucie nullement de tenter pareil effort en dévouement.

J'ai observé le fait de près, et j'affirme que les esprits légers, qui forment le plus grand nombre, laissent de côté, sans même s'en apercevoir, les pages de morale dans un livre amusant, comme les enfants qui lèchent la confiture de leur tartine et jettent le pain. Ils ont besoin qu'on crie très fort et qu'on touche leur plaie du doigt.

Mais il y a une morale vécue, on pourrait dire « terre à terre » qui, parlant de ce qui nous arrive à chacun quotidiennement dans la vie, peut laisser des traces salutaires, sans, en même temps, risquer que l'on ne garde que les fioritures dont elle aura cru avoir besoin de s'entourer.

« Qui croit tenir une vérité doit ouvrir la main toute grande [1]. »

On ne saurait trop propager ce qui peut aider chacun à prendre patience dans la vie qui lui a été assignée, et c'est un devoir de le faire quand on possède un moyen aussi étendu, une puissance comme celle de la publicité d'une revue ou d'un livre.

D'après les lettres que j'ai reçues de mes lectrices inconnues, après la publication dans mon journal des articles que je réunis aujourd'hui en volume, d'après l'affirmation qu'elles m'ont donnée d'y avoir trouvé aide et conseils, j'ai pensé qu'il était presque un devoir pour moi de les propager.

Mon livre s'adresse à ceux qui connaissent l'amertume des déceptions et le fer rouge du regret; à ceux qui ne savent pas assez se résigner ou qui seraient tentés de ne pas apprécier à sa valeur le bien, trop réduit à leurs yeux, que la vie leur donne en participation.

Puissent les mécontents qui se donneront la peine de le lire, y apprendre comment on devient satisfait et calme!

L. D'ALQ.

---

[1]. M. Stephen Liégeard, auteur des *Grands Cœurs*, livre couronné par l'Académie française.

LA PHILOSOPHIE
D'UNE FEMME

DIDEROT, dans *Claude,* n'accorde le titre de philosophe qu'à celui qui s'exerce constamment à la recherche de la vérité et à la pratique de la vertu, « à celui qui cultive sa raison, conforme sa conduite aux règles de la saine morale et affermit son âme contre les coups du sort ». Voilà la philosophie vraie, dénuée de parti pris ; cette philosophie-là est celle dont toute femme a besoin : car, s'il est démontré que la vraie philosophie est de savoir apprécier la vanité des choses humaines, qu'elle apprenne à s'améliorer et à améliorer les autres, à prendre patience et à considérer la fin des choses aussi bien que leur principe et leurs causes, les femmes n'ont-elles pas encore besoin plus que les hommes de ce genre de philosophie ?

Aussi, la femme, qui n'a le droit d'aspirer qu'à deux bonheurs, bien grands mais bien fragiles, celui d'aimer et d'être aimée; la femme, à laquelle l'ambition masculine est interdite, dont le terrain de l'existence est limité à son foyer, qui ne peut tenter d'en sortir et qui, sans avoir connu la jouissance de l'activité, éprouve néanmoins le désespoir des revers; la femme, dont l'amour de son mari, dont l'influence dans le monde, s'appuient sur une beauté qu'elle sait fugitive, passagère, bornée à quelques années; dont l'amour de ses enfants lui est si facilement ravi, soit par leur mort quand ils sont jeunes, soit par leur éloignement quand ils sont plus âgés, a-t-elle encore plus besoin que l'homme de sagesse et de raison! Quelles ressources possède la femme contre l'âge qui lui amène une quasi-vieillesse vingt ans plus tôt que l'homme; contre les déceptions de la fortune, auxquelles elle ne peut opposer les mêmes digues que l'homme; contre les infortunes conjugales, contre le caractère du mari, pour lesquels elle n'a pas la ressource de la vie extérieure ? Elle ne peut même, la plupart du temps, faire usage de son intelligence, de l'énergie dont elle peut être douée; son sexe la cloue immobile, mais ne la rend que plus sensible aux impressions. Elle a aussi à soutenir les luttes contre l'homme qui réunit ses forces pour l'entraîner.

La femme est, cependant, rarement philosophe, parce qu'elle est nerveuse, impressionnable, capricieuse. Elle ne raisonne pas, elle n'étudie pas les principes et les causes : aussi souffre-t-elle cruellement, et s'abandonne-t-elle aveuglément à sa douleur. Elle ne sait pas résister au torrent qui l'entraîne, et elle se brise contre les récifs. L'éducation de la femme, et celle de la femme française particulièrement, ne la prémunit contre aucun choc, ne l'enforcit contre aucune lutte. On ne lui enseigne pas à supporter par philosophie pure, à se défendre de quoi que ce soit : aussi ce qu'on entend de lamentations et de gémissements dans le camp féminin!

Oh! ce n'est pas qu'il faille la mettre à même de se battre en duel, de tirer au pistolet et former de nouvelles Amazones. Il y a d'autres armes inhérentes au caractère féminin pour se garantir : la patience, la tolérance, aideront à supporter les défauts de l'entourage : — or, l'entourage est beaucoup pour la femme, qui ne peut pas lui échapper comme un homme; — la charité, la bonté, l'abnégation, feront accepter le sacrifice avec plaisir; la simplicité, la modestie, la pudeur, adouciront les regrets de ne pas voir l'ambition satisfaite; le travail, l'énergie, soutiendront la vertu forte et solide, épargneront ces affreuses chutes qui détruisent une vie entière; le sentiment du devoir, la résignation à ce qu'il faut accepter, l'espérance chrétienne, voilà, avec bien d'autres sentiments encore, les points d'appui qui doivent constituer la philosophie d'une femme.

C'est en raisonnant, en observant et en réduisant les faits à leur véritable expression, que, de déduction en déduction, on arrive à trouver les causes et à se fournir des arguments; c'est de cette façon que l'on acquiert cette science de la philosophie qui n'est qu'une résignation raisonnée.

La philosophie est synonyme de sagesse, puisque son étymologie grecque est composée de deux mots signifiant : *qui aime — sagesse.* — Pythagore est le premier qui se soit fait appeler philosophe, — par modestie, dit-on. — D'Alembert, dans l'*Explication des connaissances humaines,* dit que « la philosophie est la portion de la connaissance humaine qu'il faut rapporter à la raison, qu'elle est très étendue, car il n'est presque aucun objet aperçu par les sens dont la réflexion n'ait fait une science »; Condillac, dans l'*Art de raisonner,* énonce que « la philosophie est un océan, et les philosophes des pilotes dont les naufrages nous font connaître les écueils que nous devons éviter ». Cicéron a défini la philosophie « la science des choses divines et humaines et de leurs causes ».

Si je rappelais ici les définitions de l'école de Leibnitz, de Wolf, d'Aristote, de Descartes, etc., nous risquerions de nous perdre dans le dédale. Je préfère m'en tenir à la version de La Rochefoucauld : « Fermeté et élévation d'esprit par lesquelles on se met au-dessus des événements et des préjugés », et à celle de La Bruyère : « Il y a une philosophie qui nous élève au-dessus de l'ambition et de la fortune » ; Buffon affirme que « la vraie philosophie est de voir les choses telles qu'elles sont », et enfin Dumarsais conclut que « l'esprit philosophique est un esprit d'observation et de justesse ». Voilà qui est tout à fait clair et à la portée du plus simple esprit féminin.

Il y a la philosophie païenne, la philosophie naturelle, la philosophie chrétienne. N'importe de quelle philosophie il s'agisse, elle a toujours pour base la morale, le bien, parce que, sous tous les régimes, il y a toujours le *bon* et le *méchant*, le *bien* et le *mal*, l'*heur* et le *malheur!*

TOUT SE PAYE

On est certain de plaire à ses lecteurs en s'adressant à ceux qui ont des chagrins : car, s'il est beaucoup de gens que les autres croient heureux et dont le bonheur soit envié, il n'y en a pas qui se trouvent heureux eux-mêmes, même ceux que la roue de la fortune paraît avoir le plus favorisés. La marraine équitable qui préside aux dons qui nous sont attribués à notre naissance a soin, pour égaliser les faveurs, de placer, à côté des dons favorables, une dose d'inquiétude et de désirs d'autant plus forte, et à côté des malheurs une force relative. Il faut bien qu'il en soit ainsi pour que ceux auxquels échoient de si terribles catastrophes puissent les supporter, et supporter aussi la vie à travers les années les plus dures ; pour que ceux qui pourraient être heureux trouvent une atténuation à ce bonheur qui serait une insulte pour les autres, sans cette insatiabilité. Dans ce siècle, auquel on pourra donner avec vérité le surnom de siècle du *cabotinage*, comme l'appelle Georges Lachaud, où artistes, grands seigneurs, artisans, écrivains, sans souci de leur dignité, n'ont qu'une idée : gagner beaucoup d'argent ; où le collectionneur ne pense qu'au prix qu'atteindra sa collection, le poète au jour où il pourra vivre très prosaïquement, dans une petite campagne, du produit de ses poésies, tout le monde se plaint et se lamente, même les gens qui passent pour être les plus heureux.

Il n'y a pas de gens véritablement heureux! pourquoi? parce que *tout se paye*, le bonheur plus que toute autre chose et plus chèrement qu'autre chose. Que l'on cherche son bonheur dans la richesse ou dans la paix du foyer, dans la gloire, dans la renommée ou dans la famille, pour l'acquérir, cette chose tant désirée, quelle qu'elle soit, qui doit nous le procurer, il faut du travail, des efforts, de la résignation, il faut subir des privations, des contraintes, des humiliations même, avoir de la persévérance, faire des concessions, mater ses passions, faire taire les aspirations de son cœur. De cette façon, le mal qu'il s'est donné pour atteindre ce bonheur a été si grand que, lorsque l'homme est arrivé à son but, il trouve le but obtenu bien petit en comparaison de l'effort.

Tired pilgrims, have ye found not what ye sought?
Yes, but the search was all, the finding nought!

(Lord Lytton.)

Je regarde autour de moi, et j'écoute. Celle-ci

se plaint que son mari la rend malheureuse, et elle envie l'indépendance et le soi-disant bonheur de cette femme seule, veuve ou pas mariée, qui se trouve fort à plaindre dans sa solitude et jette un œil d'envie sur la jeune femme en puissance de ce mari qui ne la ménage pas. C'est que ce bonheur que peut procurer l'indépendance, il est payé chèrement par l'isolement, tandis que celui d'avoir une famille autour du foyer, il est payé par la liberté! Affaire d'appréciation!

Et, lorsque nous ne payons pas le soi-disant bonheur que nous apporte notre destinée par les efforts nécessaires à le conquérir et à le garder, le Tout-Puissant ne manque pas de nous le faire payer terriblement par des épreuves inattendues, venant briser ces espérances et ces jouissances que nous pensions tenir de droit.

J'ai indiqué déjà autre part comment on pouvait trouver le véritable bonheur et comment on le fuyait souvent, quand chacun l'a auprès de soi en se contentant de son sort et en faisant consister le bonheur en celui des autres.

Ce dont on n'est pas assez persuadé, c'est que nous tenons à peu près notre destinée dans nos mains; je dis à peu près, car je suis loin de croire à l'aphorisme : *Vouloir, c'est pouvoir,* que les adolescents ou les ignorants et les orgueilleux, qui ne doutent de rien, adoptent volontiers. Je préfère celui du père Gratry : *Savoir, c'est pouvoir*. Oui, on peut se corriger de ses défauts, lorsqu'on les connaît ; on peut vaincre ses passions, on peut se refaire, donner une impulsion à sa vie avec du savoir ; mais, quand il s'agit de faire fléchir les autres, c'est plus difficile, et l'on fera bien de ne pas s'y fier autant.

Cependant grand nombre de gens perdent leur bonheur par leur faute, et ceux-là, je ne puis les plaindre : celui-là, qui a vécu largement et a dissipé sa fortune, a été *heureux* pendant ce temps ; il était dans son droit, aujourd'hui *il paye* ce bonheur et il n'a pas le droit de se plaindre. Cet autre, au contraire, a vécu de privations, et, à l'aide de son bon sens, il a conservé la fortune laissée par ses parents. Il a peut-être été *moins heureux* momentanément que le premier, puisqu'il n'a pas goûté à toutes les jouissances, puisqu'il a lutté contre ses penchants ; *il a payé* par cette lutte le bonheur que lui attribue l'autre qui le trouve *si heureux* d'avoir conservé son argent.

En y réfléchissant, on verra qu'il en est de même à peu près de tous les bonheurs prétendus de cette vie. Ils sont tous payés ; il y a des compensations à tout et pour tous, et, par-dessus tout, différents degrés d'appréciation qui permettent d'être heureux à tous, sauf aux ambitieux, aux inquiets, qui regardent trop loin au-dessus de leur horizon.

LES LENDEMAINS

C'est la loi du divorce qui m'a fait penser *aux lendemains*, à ces jours qui suivent les grands événements de notre vie produits par un acte de notre volonté. Il y a les lendemains du bonheur, les revers de la médaille, mais il y a surtout les terribles lendemains des coups de tête, les lendemains, par exemple, d'une demande en séparation, d'une demande en divorce. Les journaux ont raconté que, le jour de la discussion à la Chambre de la loi sur le Divorce, les femmes paraissaient se réjouir vivement. C'est le cas de dire avec l'Évangile : « Pardonnez-leur, Seigneur, elles ne savent ce qu'elles font ! » Pourquoi faut-il qu'on passe la première partie de sa vie à désirer ardemment une chose qu'on n'a pas de plus vif désir ensuite que de repousser par tous les moyens possibles ? Mais, si nombre de jeunes mariées ont de terribles lendemains de noces, les femmes qui, à moins de sévices très graves, croient trouver dans la liberté relative que leur donne une séparation ou le divorce le bonheur qui les a fuies, voient poindre un lendemain encore plus douloureux dans l'isolement et la déconsidération publique. Que j'en connais, de pauvres femmes, qui en sont les premières victimes !

Ce n'est pas uniquement dans ce cas que les lendemains apportent des déceptions. C'est chaque fois que l'on cède à un emportement ou à un découragement, à une pensée non soutenue par la patience et la charité, par l'idée du devoir.

Qu'est-ce que la vie, à proprement parler? qu'est-ce que la jouissance? Les plus grandes joies sont fatalement mélangées d'amertume, de souffrance, de regret; il n'y a pas de jouissance parfaite. Quand on se marie, il y a l'anxiété de l'avenir; dans la maternité, ce sont les douleurs et les inquiétudes sans nombre; dans la fortune, ce sont les peines cuisantes de la jalousie, de l'amour-propre froissé; si l'on veut mettre son bonheur dans les jouissances de la vie, on ne le trouvera jamais, parce qu'il aura toujours à côté frelon ou grosse bête. Le devoir, calme, réfléchi, peut seul faire supporter l'existence à travers la bonne et la mauvaise fortune, en dépit des ingratitudes, des abandons, des inimitiés.

Tant qu'on est jeune, la violence des passions emporte souvent plus loin qu'on ne voudrait; il semble qu'on ne puisse supporter telle ou telle contrariété; on se croit humilié, on prend pour des vexations des choses qui ne seraient que des atomes, qui passeraient inaperçues si l'on n'y faisait pas attention soi-même.

Avec l'âge vient une plus juste perception des choses de la vie ; on juge plus froidement, et on s'aperçoit du peû de valeur de ce qui paraissait en avoir tant autrefois. Tout passe si vite qu'il ne vaut guère la peine de détruire de sa propre main ce qu'un moment ou un autre peut métamorphoser. Avec un peu de patience et en se tenant dans la ligne du devoir, on voit les circonstances, les caractères, se modifier insensiblement. La patience est une grande vertu qui conduit à bien des choses et supprime les terribles lendemains.

Lendemain de bal : mal de tête, fatigue des jambes, souvenir d'un succès basé sur la beauté fragile d'une robe de tulle, d'un teint frais qui se fanera presque aussi vite que la robe ; souvenir d'une rivale odieuse contre laquelle il a fallu lutter : l'a-t-on emporté sur elle ? le danseur recherché vous est-il venu de préférence ? quel regard haineux la rivale vous a jeté ! quelle bonne calomnie elle a dû débiter de ses lèvres mordantes ! Lendemain de dîner : indigestion, regret d'avoir eu un voisin désagréable, tandis qu'il y en avait un autre qu'on aurait bien voulu ; souci du dîner que l'on aura à rendre. Et je ne parle que des lendemains de jeunes femmes, les lendemains pour les chefs de famille sont bien autrement amers !

Mais les lendemains de discussions de famille sont particulièrement douloureux !

Les discussions de famille sont parmi les afflictions les plus profondes qui peuvent atteindre, et quiconque a eu à les supporter ne me démentira pas. Les pertes de fortune semblent légères, quand elles vous trouvent à un foyer heureux, quand vous êtes entouré d'affection ; pour acquérir ou garder cette paix du foyer si désirable, il ne faut pas se dissimuler que des concessions et de l'abnégation sont nécessaires, mais elle vous en récompense bien. L'indulgence, le pardon, sont indispensables à la vie commune.

Par la loi des contrastes, le lendemain, qui est le point noir des coups de tête, est aussi l'espérance des jours sombres ! Ayez confiance dans le lendemain qui vous amènera l'éclaircie après l'orage, la récompense à votre patience, le calme à vos maux. N'attendez jamais au lendemain quand il s'agit d'un travail ou d'une bonne action, car il ne nous appartient pas. Mais remettez au lendemain les décisions que pourraient vous dicter l'emportement, la douleur, et qui demandent de la réflexion.

LE DÉVOUEMENT ET LE DEVOIR

On *trouve la force de se dévouer dans l'affection; un dévouement imposé est de la faiblesse.* Ces phrases se sont trouvées au bout de ma plume, l'autre jour, et je les ai mises de côté pour les développer. Elles m'étaient inspirées par des cas que l'on rencontre bien souvent dans la vie.

Supposons une jeune femme ayant un mari podagre, infirme, hypocondre. Si elle l'affectionne réellement, s'il a su lui inspirer un attachement sincère, elle trouvera facilement dans le sentiment qu'elle éprouvera pour lui la force de se dévouer, c'est-à-dire de s'attacher à son fauteuil, de supporter ses caprices, de se soumettre à ce qui lui est nécessaire, à lui, oubliant le monde pour lui, et elle n'éprouvera aucun regret. Si cette affection ne peut être très vive à cause des défauts de celui qui en est l'objet, mais que cette femme ait au cœur un peu du sentiment de la sœur de charité, qu'elle éprouve le besoin divin de faire quelque chose pour quelqu'un, elle se dévouera encore et sans le savoir, sans se douter qu'elle fait un acte

d'héroïsme. Ses amis viendront en vain lui dire :
« Mais, ma chère, vous n'y pensez pas ! vous clouer
au chevet d'un malade, à votre âge ! vos belles années
passent sans que vous connaissiez le plaisir !

— Le plaisir ? répondra-t-elle, mais j'en goûte
un très grand en passant les soirées auprès de
mon mari, à lui lire le journal !

— C'est horriblement ennuyeux, cette lecture
du journal !

— Je ne m'en suis pas aperçue ! »

C'est qu'en effet le plaisir qu'elle sait qu'elle
procure lui rend tout ce qu'elle fait agréable à
elle-même. Elle fera pendant des heures entières
les parties de cartes du malade... et je n'ajoute pas
la phrase sournoise : « Elle parvient à lui faire
croire qu'elle s'amuse... » car elle s'amusera en
réalité.

J'esquisse ici d'après nature ; je vois autour de
moi du dévouement *réel*, non du dévouement *imposé*, ce qui n'est pas du tout la même chose.

Il ne faut pas non plus confondre le *devoir* et
le *dévouement*.

« Ma chère, disent encore les conseillers, vous
faites plus que votre devoir : celui-ci vous *impose*
de faire soigner votre mari, mais non de le soigner, de l'amuser vous-même ; le devoir n'oblige
pas à se sacrifier. »

En effet, le devoir a des bornes, le dévouement

n'en a pas. On n'est donc pas forcé de se dévouer sous peine de perdre l'estime des autres et la sienne propre; un dévouement qui n'est pas spontané, inspiré par le cœur, devient de la faiblesse.

Supposons encore un jeune homme qui voudra épouser une jeune fille, et que sa mère, par égoïsme, lui refuse son consentement et brise ainsi sa vie. Si la jeune fille est convenable, honorable, ou qu'il ait contracté envers elle une obligation d'honneur, il ne manquera à aucun de ses devoirs en insistant et en se mariant malgré sa mère, du moment où il n'existe aucun motif sérieux pour ne pas le faire. Le devoir ne lui impose pas de sacrifier son existence à sa mère; le devoir lui ordonne d'avoir du respect pour sa mère, de lui apporter assistance. Mais, s'il aime tendrement sa mère, il tient au-dessus de tout à ne pas l'affliger, il se dévoue pour elle, il lui consacre sa vie, et il ne se marie pas; ceci, c'est plus que du devoir, c'est du dévouement. Et, le sentiment qu'il éprouve pour sa mère étant plus fort que tous les autres, ce n'est pas un sacrifice qu'il fait, comme les indifférents sont tentés de le croire; il n'a pas un regret : c'est du dévouement *réel*.

Mais voici notre troisième hypothèse, celle du dévouement *imposé*. Avec tout l'amour que notre jeune homme a pour sa mère, nous admettons que ce sentiment ne prime pas les autres. Sa mère n'est pas tout pour lui. Il sent qu'il pourrait vivre loin d'elle, tout en remplissant ses devoirs de bon fils; cependant elle a de l'ascendant sur lui : elle lui reproche de l'abandonner, elle le tiraille, et il cède, mais en rechignant; tous les jours, la lutte se renouvelle; il est malheureux, il se demande s'il a bien fait de céder; il se dit qu'il est victime de l'égoïsme de sa mère; il s'efforce en vain de cacher ses regrets qui percent toujours. Alors sa mère l'accuse d'être un mauvais fils, de ne penser qu'à lui; il riposte qu'il lui est bien permis de penser à lui, puisqu'on n'y pense pas. Notez qu'il a parfaitement raison; seulement ce n'est plus par dévouement qu'il se sacrifie, c'est par faiblesse.

Le dévouement réel est spontané; personne ne doit vous y entraîner que vous-même, et c'est comme cela qu'il peut porter des fruits. Bien des personnes disent : « Moi, quand je prête, je donne. » Elles ont raison. Le cœur humain est ainsi fait que, lorsqu'on redemande ce que l'on a prêté, on trouve un ingrat, un ennemi, qu'il aurait mieux valu cent fois ne pas obliger, et, la plupart du temps, on lui aurait rendu un plus grand service en ne lui prêtant pas qu'en lui prêtant avec l'idée de lui redemander ce prêt.

La véritable affection se donne et ne se prête pas.

On rencontre constamment des dévouements imposés, des personnes qui vous disent : « J'ai tout fait pour tel ou tel, voyez comme j'en suis récompensé : aujourd'hui que je veux penser à moi, cela ne m'est plus permis ! Je me suis dévoué, je me dévoue tous les jours, je me rends malheureux, et on ne m'en sait pas gré. »

La plupart du temps, on se dévoue ainsi parce qu'on ne peut pas faire autrement, et de là les plaintes et les regrets. On n'a pas le courage de résister aux influences, on se résigne à faire le bonheur des autres aux dépens du sien ; mais on ne réussit, de cette façon, à faire le bonheur de qui que ce soit.

J'ai connu une femme qui resta orpheline à seize ans avec un petit frère de dix ans. Elle se dévoua, dans l'acception du mot, à ce petit frère : elle renonça à se marier pour s'occuper de son instruction ; elle fit toutes les démarches pour le pousser ; elle sacrifia sa dot pour le faire arriver à une position ; elle tenait son ménage comme une mère l'aurait fait ; elle ne pensa pas à lui demander le moindre sacrifice en échange ; elle le maria, resta avec le jeune ménage, car il n'aurait pas pu en être autrement. Si elle eût eu la velléité de se marier, son frère aurait été fort étonné ; il la regardait comme sa mère ; il aurait crié à l'abandon ! Elle n'en eut même pas l'idée. Une autre moins dévouée aurait regretté toute sa vie de s'être sacrifiée à son frère, qui ne lui en savait pas gré.

Voici encore un autre exemple. Une femme ayant des enfants devient veuve; elle se remarie; elle ne manque par cela en rien à ses devoirs envers ses enfants, seulement elle ne leur sacrifie pas sa vie. Qu'au contraire, tout en ne se remariant pas, elle soit malheureuse de cette solitude, et pleure tous les jours sur ce que son dévouement à ses enfants l'a condamnée à l'isolement : alors elle aurait mieux fait de s'en tenir à son devoir strict; elle n'aurait pas à leur reprocher de l'avoir rendue malheureuse, et ils n'en seraient pas eux-mêmes plus malheureux. Il est vrai qu'elle perdrait l'occasion de poser pour une mère dévouée.

Je crois donc qu'il faut savoir distinguer le devoir du dévouement, et s'en tenir au premier plutôt que de se laisser imposer le second, si l'on n'y est entraîné par une sorte de vocation, de manière à ne pas le regretter, à ne pas en faire sentir le poids à ceux qui en sont l'objet, non par délicatesse, mais parce que soi-même on ne le sentira pas.

Le dévouement réel ne se raisonne pas; il provient d'un profond oubli de soi-même, d'une abnégation complète; il provient du cœur. Or, les parents s'efforcent souvent d'annihiler le cœur d'un enfant par le raisonnement. Ils ne lui laissent aucune initiative, aucune spontanéité de sentiment. Ils lui apprennent à maintenir ce cœur au secret, à le faire taire devant la raison ; ils craignent de voir leur enfant s'attacher, aimer ; ils lui apprennent qu'il est entouré de toutes parts d'intrigants, d'intéressés ; que, dans ce monde, on n'arrive qu'à force d'égoïsme. Ces leçons de froid calcul sont regardées par eux comme indispensables à la réussite de l'enfant, disent-ils ; c'est plutôt la justification, à ses yeux, de leur conduite quotidienne. Ils ne doivent pas attendre de lui, plus tard, du désintéressement, de l'abnégation et du dévouement. Ils sont payés de la monnaie dont ils ont payé les autres. Ils récoltent ce qu'ils ont semé.

Il y a encore un genre de dévouement que j'oubliais : c'est celui qui est dû à l'enthousiasme ; c'est une dérivation du dévouement imposé. Une imagination vive, ardente, un peu faible, s'éprend avec enthousiasme d'une noble pensée. L'idée de se dévouer la séduit ; elle ne réfléchit pas aux suites. Ce n'est pas l'affection absolue qui la décide, mais l'impression du moment, qu'elle se figure devoir être éternelle. Dans ce moment, elle sacrifie tout, elle oublie tout ; mais le lendemain arrive avec sa douche d'eau froide ; l'enthousiasme, qui n'a aucun des fondements que l'imagination lui a prêtés, tombe... et on se trouve en face de la réalité. Voilà la source de tant d'âmes méconnues qui n'ont pas trouvé dans la vie ce qu'elles en attendaient.

LA GOUTTE D'EAU

C'EST une grande coupable, la goutte d'eau qui fait déverser le vase! car c'est elle qui cause tout le mal. Vous l'avez sentie parfois, n'est-il pas vrai? Vous supportiez tant bien que mal l'existence telle que le destin vous l'a faite; cahin-caha vous traversiez le chemin, en culbutant sur les pierres et versant à demi dans les ornières. Avec énergie vous vous releviez, prenant votre courage à bras-le-corps, et les plus grandes chutes ne vous avaient pas fait reculer. Vous vous efforciez de reprendre courage, le Ciel paraissait sourire à vos efforts; mais voilà qu'un tout petit caillou coupe la semelle de votre soulier, et, entrant dans l'endroit le plus sensible de votre pied, vous cause une douleur si aiguë que vous vous laissez tomber, cette fois, accablé et sans forces. C'est la goutte d'eau!

Elle se présente dans la vie sous toutes les formes. Tantôt c'est dans un ménage, entre mari et femme : l'incompatibilité de caractère s'est fait vite connaître; mais chacun a fait des concessions, a serré sa patience dans ses deux mains, pour l'empêcher de lui échapper. Des différends sérieux se sont élevés, et de chaque côté l'on a mis du sien pour les apaiser; cependant l'amertume et la haine se sont amassées peu à peu, contenues et dissimulées, mais on parvient à garder le décorum, à continuer la vie commune. On s'applaudit de ce résultat, lorsqu'un matin, ou un soir, parce que l'un aura mal dormi, ou que le temps sera à l'orage, un mot échappe, ce mot retenu avec tant de peine depuis si longtemps ; et voilà perdu le fruit de tant d'efforts et de patience! le vase déverse, déverse sans qu'on puisse en retenir le contenu.

Ce n'est pas un courant puissant qui est nécessaire pour nous entraîner, ce n'est pas une force grandissime, c'est un simple petit atome qui vient se joindre à ses frères plus importants : de même le plus petit de nos doigts complète notre main.

Cherchez un peu dans votre vie, dans vos décisions les plus graves, dans vos résolutions téméraires, dans vos découragements, et aussi dans ces changements transcendants qui ont tourné en votre faveur, vous trouverez toujours cette fameuse goutte d'eau jouant un rôle décisif.

C'est ceci ou c'est cela, mais c'est toujours ce à quoi l'on ne s'attend pas, qui vient vous surexciter et amène l'événement redouté, redoutable, changeant les destinées du tout au tout, accablant, décourageant, ou, au contraire, secouant et donnant l'énergie.

Dans la vie, les infiniment petits tiennent bien plus de place que les masses imposantes : car nous en vivons chaque jour, tandis que nous ne rencontrons les autres, fort heureusement, qu'à de longs intervalles ; et ce sont ces infiniment petits qui jouent les plus grands rôles autour de nous ; ce sont eux qui nous entourent, nous enlacent, nous impressionnent, nous dominent.

Les plus grands hommes sont les esclaves des plus petites choses.

La piqûre d'épingle, au réel comme au figuré, est quelquefois plus sensible qu'une forte blessure ; n'y a-t-il pas une légère touche au coude qui ébranle les nerfs du bras d'une façon terrible ? Les grandes douleurs, comme les grandes joies, comme les grandes maladies, comme les grands désastres, souvent se dissipent, s'atténuent forcément par la loi naturelle que ce qui ne peut plus augmenter diminue, puisque rien en ce monde ne peut rester dans la stagnation. Les petites gouttes d'eau, au contraire, qui viennent chaque jour s'ajouter les unes aux autres jusqu'à la dernière qui fera déborder le vase, tracent leur chemin à la sourdine ; elles liment la pierre sur leur passage lent et sourd, et, dans un temps donné, elles arrivent à leur but.

Que de fois on s'étonne des grands effets qui paraissent dériver d'une petite cause, ou plutôt de la petite cause qui a pu produire de si grands effets! On voit éclater des scènes, des colères, des catastrophes, dans les familles, dans les existences, sur des vétilles en apparence : c'est que ces vétilles sont la *goutte d'eau* qui, pour n'avoir pas été éloignée, est venue faire déborder.

LA MANIÈRE
DE
PRENDRE LES CHOSES

Si j'étais prédicateur, disait Silvio Pellico, j'insisterais souvent sur la nécessité de bannir l'inquiétude, l'agitation par les minuties. On trouvera le calme, qui constitue une grande partie du bonheur, dans la manière d'envisager la vie.

« Un esprit agité ne raisonne plus; tournant dans un tourbillon irrésistible d'idées exagérées, il se fait une logique fausse, furibonde, maligne. Il n'est pas de grandeur d'âme, il n'est pas de justice sans idées modérées, sans une tendance plutôt à sourire qu'à s'irriter devant les événements de cette courte vie...

« Chose étrange que vivre en furieux plaise tant! On en fait une espèce d'héroïsme. Si l'objet contre lequel on frémissait hier n'existe plus, on en cherche tout de suite un autre. « De quoi me « plaindrai-je bien aujourd'hui? O bonheur! je l'ai « trouvé. Venez, amis, déchirons-le. . . . . . »

« O affligés, patientez quelque temps... Ici-bas ne peuvent durer ni une grande paix ni une grande inquiétude.

« Nul ne traversa la vie sans disgrâces.

« On croit communément que ce sont les habits qui réchauffent le cœur, quand c'est la chaleur qui vient de nous-mêmes et alors que les habits n'ont aucun contact avec le froid. Et l'on commet au moral la même erreur. La plupart des hommes croient que celui-là jouit de la félicité qui est entouré de riches habitations, de meubles magnifiques, d'or et de pierreries. Au contraire, c'est de la sagesse des habitudes que naît la source heureuse des plaisirs et des joies véritables.

« La meilleure condition est celle de l'homme prêt à souffrir les pauvretés inattendues. L'homme est facilement inquiet au milieu des richesses. Ce n'est donc pas difficile d'être malheureux étant riche; ce qui est difficile, c'est de se consoler dans la pauvreté. »

Comédie et tragédie, ces deux mots résument la vie. L'existence se compose de véritables scènes de comédie souvent bouffe, et de drames parfois sanglants. Pour ces derniers, nous devons réserver nos émotions et nos sentiments intenses. Mais bien des caractères tendent à transformer les simples comédies en tragédies; ils prennent tout au tragique, et de là tant de malheureux qui pourraient ne pas l'être, du moins autant.

Beaumarchais a fait dire à son Figaro : « Je ris de tout afin de ne pas être obligé d'en pleurer. »

C'est là un masque d'insensibilité qu'une femme surtout ne peut pas adopter et qui ne lui siérait pas. Montrer du cœur, en avoir, sied à la nature féminine. Mais beaucoup de femmes exagèrent cette qualité.

Pour une piqûre d'épingle, elles s'évanouissent; pour une robe manquée, elles se lamentent toute une journée, bien heureux si l'on échappe à l'attaque de nerfs! On a vu une femme du meilleur monde donner en plein dîner, devant ses convives, un soufflet à sa cuisinière, parce qu'elle servait un macaroni qui ne filait pas! Un plat manqué, c'est très humiliant pour une maîtresse de maison, j'en conviens; on change un domestique insuffisant, mais on ne prend pas la chose à cœur.

Les plus petits incidents de ménage prennent ainsi les proportions d'infortunes irréparables. Et ce qu'on arrive à se tourmenter pour ces petites minuties, dans la plupart des familles, est incalculable! Il en naît souvent de terribles querelles intestines, amenant les plus déplorables ruptures.

Il ne faut pas rire de tout, et il est inévitable de pleurer quelquefois; la note attendrie, légèrement sentimentale, apporte au cœur une ineffable jouissance. Aimer, qui est synonyme de ressentir de grandes douleurs à la partie immatérielle du cœur, est indispensable à la vie morale!

Il faut prendre la vie au sérieux, mais ne la tourner ni en élégie ni en drame.

Voyez-moi cette charmante femme aux fraîches couleurs et à l'embonpoint rassurant : elle est persuadée qu'elle est poitrinaire et qu'elle mourra jeune. Elle ne parle que de son testament et recommande ses enfants à tout venant. Elle est bâtie pour vivre quatre-vingts ans; mais, si l'on n'a pas l'air de la plaindre, elle vous accuse d'être sans cœur, et il lui faut le médecin tous les jours.

Cette autre se croit la plus à plaindre des créatures, parce que, ayant appris le piano en pension, elle est obligée de surveiller la cuisson des confitures et de coudre les vêtements de ses enfants. Son mari l'empêche de recevoir ou de sortir! « Ah! l'existence est bien dure, de nous obliger à faire ainsi constamment des concessions! »

Prenons à la légère les choses qui n'ont pas

d'importance sérieuse; ne nous tourmentons pas pour ce qui n'en vaut pas la peine, et nous verrons combien l'existence nous semblera plus facile.

Mais il y a, dans la vie, des contrariétés plus graves, sans parler des catastrophes qui sont bien faites pour nous bouleverser. Envisager ces contrariétés, non avec indifférence, mais avec sérénité, avec calme, sans tomber dans l'hystérisme, est un des meilleurs moyens pour arriver à les vaincre.

« N'est-ce pas insensé de s'affliger de toutes les iniquités, de concevoir de l'amertume, de l'indignation à la vue du mal, au succès du mensonge? Ce n'est pas que l'indifférence endorme le cœur, mais il faut essayer de l'armer de patience, de l'élever à une telle hauteur qu'il puisse entrevoir dans un lointain horizon la transformation, si lente et si graduelle qu'elle paraisse, des esprits et des caractères.

« Être utile à ceux qu'on aime et souffrir pour eux, c'est tout un. Accepter résolument l'idée du sacrifice : cette idée n'est guère souriante au premier abord pour un caractère fort qui a senti sa valeur dans maintes occasions.

« Pourtant il se fera un apaisement instantané en vous. Vous ne renoncez pas à agir, à lutter, non, mais vous avez mis votre cœur à l'abri, rien ne vous étonnera plus, ne vous impatientera. Vous savez d'avance votre but, vous l'avez accepté.

« Désormais tout nous sera une surprise heureuse. »

Je conseille à ceux dont l'existence est loin d'être facile, ni facilitée par quoi que ce soit, et aussi à celles qui sont passées maîtresses dans l'art de se rendre malheureuses, de méditer ces lignes et d'essayer de la recette.

L'INTÉRÊT DANS LA VIE

Ce n'est pas de l'intérêt pécuniaire, qui tient cependant aujourd'hui une si grande place dans notre existence, ou plutôt qui a une si grande influence sur elle, que je veux parler; mais de l'intérêt moral que nous devons prendre à ce qui nous entoure, sous peine de ne pouvoir supporter la vie, comme ceux qui la terminent par le suicide.

J'ai rencontré souvent des gens qui ne prennent intérêt à rien, sauf à eux peut-être, et encore je n'en suis pas bien sûre !

Cette terrible corvée de vivre sans intérêt paraît, s'il s'agit de personnes d'un âge mûr, ou d'un âge avancé, être motivée par de profondes déceptions, après avoir épuisé la coupe des jouissances, ce qui peut amener l'indifférence la plus complète; on est blasé sur toutes les sensations, et le spleen s'ensuit. Ce n'est pas toujours exact; des personnes âgées, ayant éprouvé ces sensations dont je viens de parler, sont aussi sensibles à *tout*, même aux choses les plus petites, même à celles qui les concernent le moins, qui sont les plus éloignées d'elles, que lorsqu'elles étaient au début de la vie.

Au contraire, quoi que ce soit laisse et trouve indifférents des enfants et des jeunes filles, des jeunes femmes et des jeunes hommes, et je ne puis me défendre d'un sentiment d'impatience en les observant. Cette indifférence provient-elle d'un défaut d'éducation, d'une nature peu développée ou d'un naturel profondément égoïste, et blasé avant de naître, dans le sein maternel?

Rien n'est plus charmant, plus entraînant, plus attrayant, que de voir sur une figure jeune, et même sur une vieille, l'enthousiasme, l'ardeur, la spontanéité, l'esprit primesautier : c'est la vie, en un mot. Rien n'est plus triste, quand il s'agit d'un enfant, pour qui tout doit être sujet à étonnement, à émerveillement, de ne voir sur son visage qu'une expression de lassitude et d'ennui. Tout lui paraît fade et terne; il ne s'amuse nulle part et ne remarque rien, ne fait aucune question, n'apprend rien par conséquent, et retient encore moins. Ah!

l'enfant questionneur, que ses parents ennuyés repoussent brusquement, combien il devrait être accueilli avec bonheur! car il prouve que son esprit est assez éveillé pour chercher la lumière, pour désirer sortir des ténèbres!

Ce qui déjoue bien des observations faites sur la présomption que c'est la jouissance qui produit la satiété, sans vouloir dénier absolument qu'une chose rare est plus appréciée, je puis dire que j'ai rencontré, au sujet de l'indifférence dont je parle, bien des preuves contraires; et je crois que cette vivacité d'impression dépend plutôt de l'état de l'esprit, et peut-être même d'un certain état de santé. Je ne fixe pas mes observations d'après un seul exemple, quoique, par cela même que je n'en aurais qu'un seul à citer, ce ne serait pas la preuve d'une exception. Il n'y a pas d'exception unique en ce monde, et, de même qu'il n'y a pas deux choses absolument semblables, il n'y en a pas une qui ne soit suivie de plusieurs autres qui lui ressemblent.

Donc j'ai vu des enfants élevés dans l'opulence, mais bien élevés, il est vrai, par des parents d'esprit, ayant tout ce qu'ils pouvaient désirer, se réjouir devant un simple joujou nouveau, comme s'ils n'en avaient pas d'autres. L'heure de l'étude de la musique les portait aux nues, l'heure de la récréation et de la promenade les trouvait enthousiastes et dispos. Un baiser de leur mère était une fête toujours nouvelle; une gronderie, un malheur vivement ressenti.

Plus tard, l'abondance des fêtes, des bals, ne les a jamais blasés, quoiqu'ils goûtassent ensuite le repos avec délices.

A ces esprits bien faits qui aiment les frimas de l'hiver parce qu'ils font mieux goûter les douceurs du soleil du printemps, les revers de fortune et même les souffrances du corps sont moins lourds à supporter. Ce qui les atteint grièvement seulement, ce sont les pertes des personnes aimées.

Vieux, isolés, malades, vous ne les voyez jamais hypocondres ni grincheux, car ils s'intéressent à vos récits; ils savent causer, parce qu'ils lisent et écoutent, et, de cette façon, ils allègent singulièrement le poids des ans et des souffrances qui pèsent sur les autres de toute leur force, — force qui n'est point légère, — sur les autres qui ne savent pas se distraire en s'intéressant à mille choses, en effet bien insignifiantes par elles-mêmes, et qui cependant, hélas! composent notre vie si fragile!

J'avais une jeune amie qui promenait ainsi de par le monde cette espèce de nostalgie d'enthousiasme. Je me rappelle qu'après une promenade au bois, faite dans leur grand landau à huit ressorts, où je m'étais fort amusée à voir patiner, — la campagne était couverte de neige : ce n'était pas un plaisir nouveau pour moi, je faisais cette promenade tous les jours; mais rien que le changement de voiture, une plus petite ou une plus grande, être avec mes amis, voir la neige rouler sur mon manteau de velours, car la voiture était découverte, avoir une couverture d'ours noir au lieu d'une d'ours blanc, tout était pour mes seize ans sujet à enchantement; — son père nous mena dans un grand magasin choisir deux robes de bal, à la lumière du gaz; ces robes n'étaient pas pour moi, et je paraissais beaucoup plus heureuse qu'elle qui trouvait tout passable, mais rien extraordinaire.

« Cette Niña, disait son père, qui avait du sang espagnol dans les veines, rien ne l'émeut! on ne sait jamais si quelque chose lui fait plaisir! »

Ces caractères, quand ils sont plus âgés, dans la vie quotidienne, ne voient jamais que le grain de poussière, même au milieu du plus beau rayon de soleil. Le temps est toujours mauvais; ils n'ont jamais de chance! c'est fait pour eux, ces choses-là! Et certainement, si le bon Dieu fait tomber de la pluie le jour où ils ont à sortir, c'est pour eux seuls que la pluie tombe, et les autres n'en souffrent pas comme eux. Ils murmurent sur tout ce qui leur arrive. S'ils ne sont pas riches et qu'ils doivent travailler, on dirait qu'il n'y ait qu'eux qui soient obligés de travailler sur la terre, et la Providence est véritablement bien ingrate envers eux de ne pas les compter au nombre de ses privilégiés !

Au lieu de s'apercevoir de tous ces bonheurs qui se trouvent sur le chemin de tous, le ciel bleu, le tapis de verdure émaillé de marguerites, l'air pur, au lieu de chercher à se faire aimer, de jouir du bonheur des autres et de prendre la gaieté où elle se trouve, ils aiment mieux jaunir d'envie en pensant aux richesses qu'ils n'ont pas, et finalement ils préfèrent mourir que de ne pas vivre d'une existence qu'ils se figurent être le bonheur, sans se douter que cette effigie s'enfuirait toujours devant eux comme un nuage insaisissable, car c'est une vapeur comme lui !

J'admire journellement des hommes, dans de hautes positions, s'imposant la tâche de s'occuper des affaires des autres, se donnant du mal pour eux, sans aucun espoir de rémunération quelconque, de récompense ni de reconnaissance.

Les femmes riches qui ne veulent pas périr d'ennui et arriver au désespoir quand leur beauté disparaît, doivent aussi se donner une tâche ; or, tout ce qui est tâche manque d'agrément, à moins qu'on n'ait l'esprit de lui en donner par l'intérêt qu'on y prend.

Que deviendrions-nous, grand Dieu ! si chacun ne travaillait qu'en vue d'un résultat pécuniaire, sans apporter du cœur, de la pensée, un peu d'oubli de soi-même ! Il faut se passionner pour ce que l'on fait, si l'on veut y trouver un intérêt : l'indifférence est la mort de l'âme.

Mais j'entends dire : « Vous ne soutiendrez pas que cet enfant, dont les parents sont millionnaires, travaille autant que le mien qui est obligé d'apprendre un métier pour gagner sa vie ! » Quelle erreur ! L'enfant riche, celui, bien entendu, dont les parents veulent faire un être intelligent, capable de tenir sa place dans le monde, — ceux qui sont élevés en crétins ne sont pas longtemps riches : ils ont bientôt dissipé leur fortune, — travaille dix fois plus que l'enfant bourgeois de fortune médiocre. Il est beaucoup plus instruit et apprend des masses de choses.

Alors que l'autre ne pense qu'à faire des tas de sable, celui-ci a un grave précepteur, des gouvernantes pour lui enseigner les langues étrangères ; pendant que le premier va à l'école primaire à huit heures et demie et en est dispensé au moindre bobo, le riche, levé à six heures du matin, va au lycée dès sept heures.

Une femme riche, qui a sa maison à diriger, un nombreux personnel, qui va dans le monde, a bien plus de soucis que la petite bourgeoise qui fait son marché elle-même et n'a qu'à rester chez elle.

« Mais c'est bien moins dur, dira-t-on encore,

d'être ministre que manœuvre, d'être femme du monde qu'ouvrière. »

Il est évident que plus on a de capacités intellectuelles, moins on a besoin de se livrer à des travaux manuels; mais la peine n'est pas moins grande, seulement c'est le cerveau qui peine au lieu que ce soient les membres. Aussi voit-on bien plus de cas d'aliénation mentale, de maladies de cœur, lesquelles sont fort pénibles, dans les hautes classes que chez les paysans. Ceux-ci surtout ne sont pas, comme les ouvriers des villes, exposés aux idées aussi malsaines pour leur esprit que les miasmes des cités pour leur corps.

On voit des ouvriers se tuer de travail (je n'en suis pas bien sûre, mais en tout cas, en travaillant, souvent, trop souvent, ils sont victimes d'accidents terribles); mais combien d'hommes dans de hautes positions sociales se tuent de travail intellectuel! le nombre en est immense, et nous en avons des exemples journellement.

Le solliciteur, qui aime à ce qu'on s'occupe de lui, sait combien il trouve de gens disposés à lui répondre! Pour moi, c'est toujours un sujet d'émerveillement; il est vrai que les solliciteurs sont tellement égoïstes qu'ils croient chacun fait pour les écouter et les protéger.

Il résulte que l'homme ou la femme qui n'ont pas besoin de travailler pour gagner leur vie matérielle travaillent pour jouir et pour vivre intellectuellement. Tantôt ils se vouent aux beaux-arts, tantôt aux œuvres de charité. Enfin celles qui sont trop stupides pour s'occuper utilement ou d'une façon intelligente sont obligées de se vouer aux commérages, ce qui est bien la plus vilaine occupation : c'est de celles-là que Marivaux dit :

« Il y a de certaines gens dont l'esprit n'est en mouvement que par pure disette d'idées; c'est ce qui les rend si affamés d'objets étrangers, d'autant plus qu'il ne leur reste rien, que tout passe en eux, que tout en sort ; ils babillent, mais ne pensent jamais ! »

Le travail est donc le lot de tous ; travail plus ou moins délicat selon nos capacités, et qu'il dépend de nos qualités de rendre dans ces conditions, mais non de refuser. Celui qui sait manier la plume peut éviter de manier le marteau ; mais la loi de Dieu ou de la nature, comme il vous plaira de le dire, est que nous devons toujours manier quelque chose ; et, avant de se plaindre et d'envier ceux qu'il croit plus heureux, l'homme doit examiner si, en conscience, ceux-là n'ont pas le droit, par leur mérite et leurs efforts, d'avoir mieux que lui, si toutefois ils l'ont réellement, et sans que ce semblant de bien-être matériel acquis à si grand prix le dispense de la souffrance du corps et de l'âme.

DE LA MANIÈRE
DE FAIRE LA CHARITÉ

I

L'AUMONE

On agit souvent sans réfléchir; nulle part autre qu'en France on ne met plus en pratique ou plutôt on ne compte davantage sur la parole de l'Évangile : *Il lui sera beaucoup pardonné, parce qu'elle a beaucoup aimé!* Ce qui peut se traduire par : « Notre intention est si bonne qu'il ne faut pas nous en vouloir si les résultats sont mauvais! »

A Paris, la charité est pratiquée avec une libéralité extrême, une générosité inouïe. Ce que les cœurs des Parisiennes contiennent de commisération, de pitié pour le malheureux, est excessif; mais il s'y joint cet enthousiasme, cette exaltation, cette excentricité, ce sans-souci qui se mêle un peu à toute la vie de la capitale.

La charité ne se pratique pas dans une grande

ville comme en province. Dans les campagnes, ou dans les petites localités, le moribond, l'infirme, l'orphelin en bas âge, le vieillard, ne peuvent se sortir d'affaire, si l'on ne vient à leur secours. Le travail est limité et la chaumière doit être visitée. A Paris, le bon cœur est abominablement exploité, et avec nos qualités primesautières nous nous plaisons à nous laisser duper. A la place de la chaumière, il y a la mansarde à visiter; mais on nous évite cette peine; le pauvre descend dans la rue, vient au-devant de nous, et dès lors nous ne pensons plus à monter. C'est un grand tort, car ce n'est pas le véritable pauvre digne d'intérêt qui descend dans la rue et nous présente sa détresse dans toute son horreur, en l'enlaidissant le plus possible.

A Paris, il y a de l'ouvrage pour tous ceux qui veulent travailler, et un travail largement rétribué quoi qu'on en dise; seulement (il y a un *seulement!*...), on demande en échange de l'activité et des capacités. Si ces dernières font défaut, — il n'est pas donné à tout le monde d'être intelligent, d'avoir des talents, du savoir-faire, de l'ingéniosité, et d'être de première force dans sa profession, — alors il faut se rejeter sur l'activité.

Les gens raisonnables savent qu'il n'est pas possible de faire disparaître le paupérisme; mais on peut soulager bien des souffrances, alléger bien des fardeaux; jamais on ne fera trop, jamais on ne donnera assez. Nul cœur sensible ne peut rester impassible devant la différence d'existence matérielle qui existe entre le riche et le pauvre, quand il prend pour point de comparaison ceux qui ont de ces immenses fortunes qui dépassent toute imagination.

Le pauvre, c'est-à-dire celui qui vit au jour le jour, péniblement, de son labeur, ne se rend pas bien compte des différences; il s'imagine que son patron est ce qu'il y a de plus riche et de plus heureux. Je ne dirai pas que ce patron ne travaille pas autant que son ouvrier, la plupart du temps il travaille, au contraire, bien davantage, et il paye bien par les efforts de son intelligence, par les risques qu'il court, par ses travaux, par ses soucis, l'argent qu'il a de plus.

Les fortunes médiocres, les positions qu'on dénomme par le mot aisance, ne sont guère plus heureuses que celles de ceux qu'on appelle pauvres, parce qu'il faut tenir compte des besoins qui sont plus grands. Ceux-là qui sont déjà obligés de se priver, on ne peut guère leur en vouloir s'ils ne donnent pas beaucoup; ce ne serait plus du superflu, ils devraient s'imposer des privations. Mais il y a beaucoup de grandes fortunes qui ont non seulement du superflu, mais plus que du superflu. Ceux qui les possèdent donnent *beaucoup,* mais ce qu'ils donnent n'atteint pas encore leur superflu.

Donc autant qu'ils donnent, ce n'est pas encore autant que ce que donnent ceux qui n'ont qu'une fortune moyenne et qui sont obligés de se priver.

Dans un budget de vingt mille livres de rente, pour consacrer mille francs, le vingtième, aux aumônes, il faut retirer un peu sur chaque dépense, retrancher un voyage nécessaire à la santé ou une femme de chambre. Et ce doit être à la condition de ne pas faire de dettes. Ce serait mal faire la charité que de la faire aux dépens de ses créanciers. Mais, sur un budget de deux cent mille francs de rente, — les fortunes de quatre ou cinq millions ne sont pas rares en France, — dix mille francs n'enlèveront pas quelque chose de bien utile, et, quant aux fortunes de vingt ou trente millions, la proportion de cent ou deux cent mille francs par an ne serait pas égale. En donnant plus de la moitié de leur revenu, ils auraient encore de quoi dépenser chaque année ce que d'autres regardent comme le capital d'une belle fortune. Ils pourraient donc, ceux-là, sans se gêner, faire immensément de bien.

Ah! quand on réfléchit et qu'on songe à ces immenses fortunes, à ces millions accumulés sur une seule tête, souvent on en vient presque à justifier la sourde envie qui gronde au cœur du pauvre!

Pour moi, si j'avais des millions, je crois que

j'en serais honteuse! Quand je passerais près d'une femme pauvre, je serais tentée de me faire toute petite pour qu'elle ne m'aperçût pas, pour ne pas la choquer!

Tant qu'il est conservé du superflu auprès de tant de gens auxquels il manque le nécessaire, on ne donnera pas assez!

Les vues de la Puissance qui préside à nos destinées sont infinies, et il y a là des desseins qu'il ne nous est pas donné de pénétrer quand on voit le régime des contraires qui existe! La comtesse P., qui est une infatigable marcheuse, faisant à pied le chemin de Versailles à Paris, par gageure, quittant sa voiture, à peine arrivée au Bois, pour marcher, a dans ses écuries cinquante chevaux qui servent à promener les *lads* d'écurie; chaque jour, à sa porte, se traîne un malheureux cul-de-jatte, arpentant le trottoir sur ses mains, auquel le moindre bidet rendrait bien service! Mais c'est sans doute pour punir le riche qu'il lui est donné précisément des goûts qui l'empêchent d'apprécier les faveurs de la fortune! Par contre, je connais — pas beaucoup, peut-être, — des âmes d'élite, tout à fait privilégiées, qui, ayant de gros revenus, se dépouillent de tout, de leur vivant, pour les pauvres! Là est la véritable charité! Elles vivent dans la plus stricte simplicité, au milieu des malades et des pauvres auxquels elles se consacrent. Ce sont là des existences d'une vertu héroïque, qu'il n'est pas donné à tout le monde d'imiter, et dont on ne saurait trop faire connaître le dévouement, quoique leur modestie s'y oppose. Aussi ne les nommerai-je pas ! elles n'ont pas besoin des éloges du monde.

En résumé, il se fait beaucoup d'aumônes ; chacun doit s'efforcer d'y contribuer autant qu'il le peut sur son superflu, s'il n'est pas assez indépendant pour sacrifier son propre bien-être.

II

LA CHARITÉ MORALE

Il est beaucoup question de charité parmi les mondains parisiens, mais par ce mot ils entendent toujours le don d'argent. Souvent même ils comptent sur le but pour justifier le moyen, et ils ne se plaisent à la faire que pour avoir l'occasion de s'amuser eux-mêmes ; les jeunes filles et les jeunes femmes ont la certitude que leurs souscriptions sont suffisantes à racheter les péchés plus ou moins mignons qu'elles peuvent commettre au bal.

Il y a une charité à exercer que nous avons tous, riches et pauvres, à notre portée, pour laquelle il n'est pas besoin de se priver, et qui est cependant très efficace, tout aussi efficace que celle dont il est question dans le chapitre précédent, et, de plus, qui peut se répartir sur beaucoup plus d'êtres que l'aumône matérielle, car elle s'adresse au genre humain tout entier. Le riche en a autant besoin, même davantage souvent, que le pauvre, le bien portant que le malade : c'est l'*aumône morale*.

En disant qu'il n'est pas besoin de se priver pour la distribuer, c'est d'une privation matérielle que j'entends parler; car elle *impose une gêne*, puisqu'elle est inséparable en quelque sorte de l'exemple.

L'exemple est l'argument le plus persuasif.

Une maîtresse de maison, une châtelaine, qui a sous ses ordres des domestiques, et autour d'elle de nombreuses familles, ses inférieures ou ses égales, distribuera aux premiers des soins, aux pauvres du pays des vêtements, des aliments, des remèdes, à ses égaux des cadeaux et des fêtes... Mais que seront tous ces bienfaits si la donatrice les accompagne de dureté, de conduite légère, de mauvais propos ? En donnant à un malheureux une aumône, vous le soulagez momentanément. En lui apprenant à sortir de sa misère par le travail et la bonne conduite, vous lui donnez le bonheur de sa vie entière.

En moralisant vos domestiques, et cela surtout par le contact de votre exemple, en leur enseignant l'ordre, l'économie, vous leur procurez la paix de leur vieillesse.

En propageant parmi vos égaux l'amour de la vertu, en les entraînant au bien non par des admonestations ennuyeuses, des insistances, des désapprobations, mais surtout en leur montrant en vous les qualités à pratiquer, vous leur faites une charité immense. Vous prêtez un bon livre, vous faites du bien à celui à qui vous en procurez la lecture ; en en prêtant un mauvais, vous ne savez pas quel mal vous pouvez faire ! en entraînant une amie à de la dépense, à la dissipation par des flatteries, par des conseils complaisants, vous êtes cause parfois des plus grands malheurs !

Mais est-ce qu'on s'occupe de ces choses-là? Vous voyez les femmes les plus libérales en argent pour les pauvres ne jamais faire l'aumône d'un bon conseil, d'un avis moral, d'une parole de bon sens. Elles croient qu'elles ont beaucoup fait, qu'elles ont tout fait quand elles ont donné leur argent. Quelquefois c'est qu'elles n'en comprennent pas la valeur par elles-mêmes ; mais il y a des mères de famille austères qui ne s'occupent jamais de moraliser les autres, et qui ne penseront pas à dire une parole sensée à une jeune fille ou à une jeune femme qui viendra se plaindre à elles, qui de ses parents, qui de son mari ; elles ne chercheront pas à redresser une imagination dévoyée, au contraire elles l'exciteront : c'est un sujet sur equel il est bon de méditer à tous les âges et dans toutes les positions : la charité morale est, je le répète, à la portée de tous, et elle s'exerce à chaque minute de la vie.

Le mauvais conseil est funeste, le bon produit le meilleur effet. Combien peu de personnes se décident à faire à leur prochain l'aumône d'un bon conseil ! Il est très délicat de donner un conseil même lorsqu'on vous le demande, et la plupart du temps on ne suit pas le conseil demandé, d'autant plus qu'il sent la morale; mais est-ce un motif pour cela d'en donner un mauvais, qui sera suivi, celui-là? Lors même que le bon conseil n'est pas suivi, il a toujours une certaine influence et laisse quelques traces. Si légères qu'elles soient, ces traces, elles germeront peut-être, et produiront leurs fruits tôt ou tard. Il est vrai que la charité alors est plus méritante, car la plupart du temps on se nuit dans l'esprit du conseillé. Très souvent il suit le bon conseil, mais il garde rancune au conseilleur; il en veut à ce dernier de sa supériorité; cela provient de ce que le conseil a été maladroitement donné, d'une manière blessante, peu délicate; on s'est arrogé un droit. Alors ce n'est plus de la charité, c'est de la suffisance; c'est le désir de montrer sa supériorité, qui est dissimulé derrière une bonne pensée.

Il est facile de propager les bons livres, de n'en prêter jamais de mauvais. Une bonne bibliothèque ouverte aux jeunes filles que l'on connaît est un grand bienfait. Trop souvent, au contraire, il n'est prêté, pour les lire en cachette, que des œuvres scandaleuses.

Le sentiment d'avoir été utile ne procure-t-il pas autant de joie que les richesses?

L'influence de l'exemple et de conseils donnés sans orgueil est tellement grande que j'ai vu souvent des personnes se modifier après quelque temps, sans qu'il ait été besoin d'insister, mais simplement parce que, dans le milieu où elles se trouvaient, elles apercevaient leur conduite sous un tout autre jour qu'elles ne l'avaient fait jusqu'alors.

La fanfaronnade du mal est entrée à un tel point dans nos mœurs, joint à l'esprit de société qui porte à tout approuver, qu'il est excessivement rare qu'un jeune homme ou une jeune femme avançant un paradoxe rencontre une opposition autre part que chez les vieilles gens, dont, dans leur mauvaise éducation, ils ne tiennent pas compte.

On a tellement peur de paraître vertueux que, lorsque quelqu'un émet un mauvais sentiment, on s'empresse la plupart du temps de renchérir : car le bien, selon les matérialistes, n'existe pas plus que la religion; ce ne sont là que des produits de notre imagination. S'il en est fait autrement, on vise à l'hypocrisie; mais cette hypocrisie a au moins le mérite de reconnaître la laideur de ce qu'elle cherche si bien à cacher, et de cet aveu intime il n'y a qu'un pas à chercher à réagir.

Je crois que, si chaque personne bien pensante cherchait à mettre le bien à la mode dans son cercle, la bonne cause serait gagnée.

III

CE QU'IL FAUT ENSEIGNER

L'école du dimanche, qui est si bien pratiquée en Angleterre, est un excellent moyen d'exercer la *charité morale*, pour les jeunes filles et les jeunes femmes qui ont des loisirs à employer, surtout pour celles qui habitent la campagne et qui n'ont pas de jeune famille autour d'elles; elles peuvent s'en faire une par les enfants pauvres. Cette idée séduit, mais il manque souvent l'esprit d'organisation, l'esprit d'exécution. On aurait bien envie de le faire... mais on ne sait comment s'y prendre... on ne sait que dire... ni par où commencer...

Le but est d'*être utile*, car ce n'est pas uniquement une affaire de passer son temps et de s'amuser plus ou moins. Le moyen d'être utile aux classes pauvres est non de leur donner beaucoup matériellement, mais de les moraliser, c'est-à-dire de leur donner la force morale, ce qui n'est pas un don à dédaigner, et de leur enseigner à travailler, c'est-à-dire leur donner le moyen d'acquérir du bien-être matériel.

Dans les écoles, où l'instruction obligatoire fait envoyer les enfants, ils apprennent bien des choses, mais pas du tout les deux ci-dessus. J'en parle d'après mes observations personnelles, et je ne suppose pas être tombée sur des exceptions. Les petits villageois ont besoin qu'on leur explique les premiers principes du bien.

La parole d'une jeune femme appartenant à la classe riche a beaucoup plus d'influence que celle de l'institutrice ; d'abord elle est moins pédagogique, et de plus elle est impartiale.

Une des premières séances pourra être consacrée à parler de la manière d'agir envers les animaux. On décernera de petites récompenses aux enfants qui auront la réputation d'être les plus doux avec les animaux, qui amèneront leur chien, leur chat, leur mouton, leurs corbeaux, etc., les mieux soignés et les plus chéris. On fera comprendre la cruauté de leur conduite aux plus méchants, et, si on ne peut en venir à bout par le raisonnement et la persuasion, on leur fait lire le texte de la loi Grammont, et on n'hésite pas à les menacer de leur faire dresser un procès-verbal par le garde champêtre. Aussitôt après la punition, on leur offre le pardon et une récompense s'ils s'amendent. Une bonne parole, un doux sourire, une caresse de la belle demoiselle, si blanche, à la main si fine, fait souvent plus d'effet sur les petits garnements que les rudes punitions du maître. On mélangera les jeux à la morale ; on leur fera faire de la gymnastique, et pour ceci encore on organise des concours afin de donner de l'émulation. L'inscription au tableau est souvent une récompense préférée aux cadeaux.

Voilà déjà plusieurs réunions d'occupées : une sur la manière d'agir envers les animaux, une sur la culture des fleurs de jardin, une sur la gymnastique, une sur l'histoire ; — il est facile, même à la personne la plus ignorante, de faire un petit cours d'histoire patriotique, de raconter un beau fait bien valeureux et bien authentique d'un humble soldat.

La religion et la morale s'entremêlent à tout, sans avoir de jour spécial ; il est préférable de ne pas faire deux séances sur le même sujet, à moins qu'il n'inspire le plus vif intérêt, d'autant plus que dans la première séance on peut annoncer un concours et distribuer les récompenses à quinzaine ou au mois. Mais on recommence la série, car il y a évidemment matière pour plusieurs séances sur chaque objet.

Le bien ne se fait pas sentir tout de suite, il ne faut pas s'imaginer que l'on va améliorer toute une population en quelques après-midi ; cependant il est bon d'être convaincu que même une seule graine jetée au vent peut produire un bel arbre plein de sève. Une seule parole, que l'on peut croire perdue pour le moment, laissera souvent dans l'esprit le plus inculte la base d'une grande modification. Lequel d'entre nous n'a dans un coin de ses souvenirs quelque parole qui lui a été dite par une personne en dehors de son cercle habituel, et qui est restée vivace, présente à son esprit, qui a produit une profonde sensation, laissé une trace importante dans sa vie, qui lui a servi de point de départ ou lui a montré le but d'arrivée ?

Souvent une parole seule, qui fructifie dans l'isolement, s'enracine plus profondément, comme les plantes qui font d'abord leurs racines avant de s'élancer, et elle réussit mieux, tandis qu'elle s'affaiblit en se répétant. La personne qui l'a dite, cette parole, ne se doute pas de ce dont elle a pu être cause ; elle ne recueille pas même la satisfaction morale de savoir qu'elle a pu être utile, mais il lui en est tenu compte sur le grand-livre de la vie éternelle !

Il est de ces faits qui frappent en raison même de leur rareté ou de leur contraste avec ce qui nous entoure, et qui laissent derrière eux une trace d'autant plus ineffaçable.

Qu'il passe au milieu de jeunes ouvrières une femme équivoque, en toilette tapageuse, entourée d'hommes attachés à ses pas, on verra l'expression de l'envie et des mauvaises passions succéder sur le visage des jeunes filles au premier sentiment de dédain et de répulsion. Elles la suivent des yeux en se disant d'abord : « Voilà comment je pourrais être » ; puis : « Je voudrais bien avoir une belle toilette comme elle ! la vie lui est douce et facile » ; et elles continueront : « Pourquoi ne serais-je pas ainsi ? »

Au contraire, c'est une sœur de charité, humble, modeste, vaillante, qui passe, et les jeunes filles de se dire : « Quelle belle tâche à remplir ! Voilà comment je voudrais être un jour ! »

L'enthousiasme du bien se rencontre autant que celui du mal, il suffit que l'un ou l'autre soit excité. Une vocation se découvre souvent en une minute.

Pourquoi toutes les religions, tous les partis, font-ils des discours, des sermons, des meetings? parce qu'ils savent que la parole et l'exemple leur amèneront des adeptes. Les apôtres prêchaient sur les montagnes et entraînaient la foule après eux. Nos prédicateurs, après leurs missions, voient leurs confessionnaux assiégés, nos socialistes font des meetings afin de gagner de nouveaux partisans.

Un athée est souvent converti par un seul mot; il n'en faut pas davantage pour le frapper, tandis que de longs sermons l'ont laissé indifférent. Ne feriez-vous donc qu'une seule réunion par an, dans laquelle vous trouveriez moyen d'ouvrir quelques nouveaux horizons, vous pourriez réussir à être utile. Mais, s'il est possible de continuer avec persévérance, le bien peut être répandu sur un plus grand nombre d'individus, pénétrer plus profondément les natures légères.

Un point sur lequel on ne saurait trop appuyer, c'est de ne pas chercher à déclasser les pauvres. Les déclasser, n'est-ce pas les démoraliser? Vous prenez une petite paysanne momentanément au service du château : Madame l'attife avec ses rubans, Monsieur s'amuse de sa naïveté, et la fait parler, Mademoiselle lui apprend le piano, un invité s'écrie qu'elle a une fortune dans son gosier. Voilà une fille perdue. Après s'en être amusé pendant quelques jours comme d'un jouet, l'avoir initiée aux raffinements d'une vie luxueuse qui lui était inconnue jusqu'à présent, avoir éveillé son ambition, vous la rejetez dans son milieu. Elle s'imagine dès lors qu'elle est créée pour une autre vie, que sa nature, sa voix, son esprit, sont supérieurs à ceux des gens qui l'entourent...

Il n'est pas dit, si l'on rencontre sur son chemin un talent réel, une intelligence spéciale, que l'on doive se taire devant elle et l'étouffer, mais il faut avoir les moyens, le pouvoir et le vouloir de mener son œuvre à bonne fin avant de l'entreprendre, et cela est souvent long, périlleux, exige des sacrifices. Il ne faut pas jouer inconsidérément, ainsi que le font souvent les gens riches, avec le sort, l'avenir de pauvres personnes qui ont foi en eux, pour qui leurs paroles sont des oracles, sur lesquelles ils ont toute l'influence de la supériorité. Il y a là une responsabilité excessivement grave à laquelle il faut réfléchir.

L'EXPÉRIENCE

L'EXPÉRIENCE n'est pas un vain mot.

Comment s'acquiert-elle ? Avec l'âge et à nos dépens personnels ? Mais alors elle devient une vérité à la mode de celles de M. de La Palisse ! Après avoir sauté par la fenêtre, il s'aperçoit qu'il a fait un saut dangereux !

L'expérience de cette façon ne sert pas à grand'chose, puisqu'il est si rare, sinon impossible, de retrouver dans la vie deux circonstances absolument pareilles.

L'expérience personnelle ne peut servir que relativement. C'est pour cela que si peu de personnes peuvent en faire usage; mais il est une autre expérience, que l'on pourrait appeler d'observation, et que les gens sensés mettent en pratique : c'est celle qui s'acquiert par les autres, en observant ce qui leur arrive et leur manière d'agir; elle demande un esprit profond, clairvoyant, allant au fond des choses, ne se contentant pas de la surface et des apparences. Les romans de mœurs peuvent donner quelque expérience du monde, mais encore faut-il savoir distinguer, et pour savoir distinguer il faut déjà connaître.

L'étude de l'humanité dans les existences *vécues*, si l'on peut s'exprimer ainsi, c'est-à-dire non dans celles imaginées dans les livres, mais dans celles dont on connaît les héros, sert de bien plus grand enseignement.

Chateaubriand l'a dit dans son *Génie du Christianisme*, l'observateur arrive à être blasé sans avoir joui, à tout connaître sans avoir rien expérimenté; c'est peut-être très triste, mais c'est d'une utilité incontestable. En disséquant toutes les vies que l'on est à même de connaître, on arrive à se faire une expérience, à s'ouvrir les yeux sur une foule de choses; le doute, il est vrai, la grande maladie de notre siècle, entre dans notre âme, mais l'expérience morale ne peut nous venir sans nous découvrir les coulisses de la conduite de chacun.

Il est dangereux d'avoir trop jeune l'expérience humaine, car elle tue l'enthousiasme et la confiance. Et cependant ces deux sentiments, livrés à eux-mêmes, non contenus par la désillusion, à combien de malheurs peuvent-ils nous conduire !

Combien il est triste de songer qu'on ne peut acquérir cette expérience, si nécessaire, qu'aux dépens des plus nobles qualités ! Néanmoins, à moins de disparaître de cette terre ou de s'y résigner à une vie de souffrances inouïes et constantes, il faut préférer l'acquérir, car il ne faut pas être plus dupeur que dupé. Et l'expérience évite d'être l'un ou l'autre.

Le roi Stanislas a dit : « La raison a besoin de l'expérience, mais l'expérience est inutile sans la raison. » C'est pourquoi on voit des personnes âgées aussi inexpérimentées que de petits enfants et, tout en ayant traversé les péripéties de la vie, avoir besoin de guide et de tutelle. L'expérience raisonnée est la meilleure et la seconde éducation. « L'expérience, c'est la mémoire », a dit Diderot.

DES CONCESSIONS

CONCESSION! voilà un substantif féminin que l'on peut interpréter bien différemment; il y a plusieurs manières de l'approprier, car il y a plusieurs genres de concessions : il y a des concessions dangereuses, il y en a de nécessaires : c'est pourquoi vous entendez dire tour à tour : « Une concession entraîne à une autre, n'en faites donc jamais », et : « Il faut savoir faire des concessions ».

Le deuxième aphorisme est beaucoup plus vrai et d'un conseil plus sûr que le premier.

Dans la vie, il est très mauvais de se faire une loi invariable, puisque tout autour de nous varie toujours; le parti pris, l'obstination, ne peuvent réussir; il faut se plier aux circonstances, se soumettre aux événements; le mieux qu'on puisse faire est d'essayer d'avoir du jugement et du discernement.

Il n'est pas tout à fait faux qu'une concession en entraîne une autre, quand on est faible et qu'on ne sait pas faire les concessions. Il faut donc tour à tour savoir en faire, puis savoir en refuser quand elles vous entraîneraient trop loin ; il y a une limite à tout. C'est cette limite qu'il est nécessaire de bien connaître.

En famille, ce serait la plus grande erreur que de se refuser aux concessions : là on ne saurait trop en faire, et il n'y a pas à craindre de se laisser entraîner ; encore, cependant, s'agit-il de quelles concessions et envers qui.

Les parents, envers les jeunes enfants qu'ils élèvent, doivent être fermes et ne pas céder, mais il n'est pas question d'éducation ; j'entends entre égaux, mari et femme, sœurs, frères, beaux-frères, gendre et beaux-parents, etc.; j'entends aussi parler des petites concessions de la vie usuelle, car c'est encore là un point essentiel à discerner ; les concessions au sujet des petits incidents de la vie ne sont qu'une marque de supériorité, et on peut en accorder sans crainte, malgré la puérilité qui semble s'y attacher ; précisément parce que ce que l'on accorde est de peu d'importance, il est dommage de se gâter la vie pour si peu ; les concessions en matière d'argent, d'intérêt, sont plus graves, et c'est de celles-là qu'il faut éviter de faire en famille ou entre amis ; elles ne rapportent, la plupart du temps, que de la brouille, qu'avec de la fermeté on peut éviter.

En affaires, il faut savoir faire des concessions quand c'est dans son intérêt.

Dans le monde, il faut faire des concessions à l'amitié, être indulgent devant l'indifférence.

En résumé, en matière de concessions, suivre un précepte mis en avant et en action la plupart du temps par le sexe masculin : *Laisser faire dans les petites choses, être ferme dans les grandes.*

Le caractère féminin attache beaucoup d'importance aux minuties; un homme qui se comporterait ainsi serait ridicule; il doit voir grand et ne s'interposer que dans les cas importants, par conséquent, faire beaucoup de petites concessions à sa femme, qui feront son bonheur à elle, à bien juste titre, à elle qui n'a pas à se préoccuper de choses plus importantes.

Faire des concessions *inutiles* dans des affaires d'intérêt, ça ne se comprend pas; c'est vouloir être dupé, et il n'y a que des maladroits qui peuvent se laisser aller à en faire.

Il faut maintenir ses droits simplement, sobrement, pourrais-je dire, mais ne pas se laisser écraser. On doit aller aussi loin que possible dans la voie des arrangements, mettre ce que l'on appelle du sien, éviter d'aigrir les rapports; mais il y a une limite que la dignité et la défense de ses propres intérêts interdisent de franchir, et où les concessions deviendraient de la stupidité. Or, il y a une chose qui ne trouve pas grâce devant les humains, c'est la stupidité et la maladresse!

Vos adversaires en abusent, et vos amis vous en gardent rancune.

Faisons donc autant de concessions que notre dignité et des intérêts légitimes et importants nous permettent d'en faire. Sachons céder surtout en famille, sachons respecter la liberté des goûts, des habitudes, des manières de voir, toutes choses qui ne nous touchent pas, après tout ; soyons égoïstes dans ce cas ; ne contrarions pas les autres lorsque leurs erreurs ne peuvent leur causer un grand tort, et ne nous en causent aucun à nous. Rappelons-nous l'avis de Plaute : *C'est faire du mal aux gens que de leur faire du bien malgré eux.* Sachons sacrifier la petite jouissance personnelle d'amour-propre que nous pourrions en retirer à la paix de la maison, et nous nous ferons aimer à peu de frais et sans beaucoup d'efforts.

Que d'idées fausses chacun se fait de la vie quand on a la jeunesse et l'inexpérience pour soi, et combien aussi souvent les idées vraies et saines que l'on pourrait avoir sont changées, soit par l'entourage, soit par une imagination exaltée !

Il y en a une entre autres qui fait beaucoup son chemin en France, parmi les jeunes filles et les jeunes gens. Je dis en France parce que je ne l'ai pas observée chez les étrangers au même point. C'est une idée sur laquelle il y aurait beaucoup à dire, surtout si je voulais établir une comparaison avec ce qui se passe dans les autres pays.

Combien de fois ai-je entendu dire par un jeune homme sur le point de se marier :

« Oh! ma fiancée, elle a tels et tels goûts qui ne sont pas les miens; mais peu m'importe! quand elle sera ma femme, je changerai cela! »

Et la jeune fille, de son côté :

« Je ne dis rien, quand mon fiancé exprime ceci ou cela; mais je n'entends pas que cela aille ainsi! Et quand je serai mariée, je le lui ferai comprendre! »

Et puis alors, viennent les mères et les bonnes amies :

« Surtout, mettez votre mari au pas dès les premiers jours; donnez-lui de bonnes habitudes. »

Et le jeune homme de se répéter :

« Il vaut mieux ne pas laisser prendre de mauvaises habitudes, et de suite donner un bon pli. »

Et c'est avec ces intentions de fermeté, de résistance, de lutte presque, avec ces idées de défi et de méfiance, que l'on se met ensemble.

Je connais un jeune homme, qui avait une grande affection pour sa jeune femme; mais ses amis lui avaient tant répété qu'il ne fallait pas se laisser enchaîner de fleurs, et dès les premiers jours bien marquer son indépendance, que, le lendemain de son mariage, aussitôt après le dîner, alors que la jeune femme se préparait à passer une soirée en tête-à-tête, il mit son paletot, prit son chapeau et sortit sans même dire où il allait.

Ce que le cœur de la pauvrette fut ulcéré et le fiel que lui mit en l'âme cette manière d'agir dépassa certainement ce que l'imagination de son mari aurait pu rêver. Il s'aperçut bien à son retour qu'elle avait pleuré et que sur sa douce figure régnait une certaine mélancolie; il s'empressa de la cajoler, se disant : « Elle s'habituera, elle verra bien que je l'aime tout de même, mais que je tiens à conserver mon indépendance ! »

Elle s'habitua, en effet, après avoir cruellement souffert de n'oser lui demander où il allait, et de n'être pas pour lui *tout*, ou du moins le plus; elle finit par accepter cette manière d'être avec une certaine indifférence, mais son cœur refroidi ne se réchauffa jamais... Quand il la vit calme, il fut un homme heureux : « Elle s'était habituée, il avait son indépendance ! » Plus tard, il lui arriva cependant de se plaindre de la froideur de sa femme, et de s'apercevoir qu'une distance s'était faite entre eux... que cette distance était remplie par des pensées qui n'étaient plus à lui !

D'autre part, c'est la jeune femme qui veut plier l'homme à ses caprices. Toujours affaire de donner une bonne habitude, dès le commencement !

Je ne crois pas avoir jamais entendu dire à des

jeunes gens qui vont s'épouser : « La vie commune est une vie de concessions et de dévouement. Je vais d'abord sacrifier tous mes goûts à *lui* faire plaisir, à le rendre heureux ! » Il semble que si mari et femme étaient animés de cette bonne pensée, la vie de famille serait plus agréable.

Mais ce n'est pas seulement dans le mariage qu'il faut apprendre à faire des concessions. A chaque pas dans la vie cette vertu est nécessaire. Avec les amis, les relations mondaines, les relations commerciales, les subalternes, et dans mille autres occasions, il faut savoir céder et ne pas se figurer que l'on peut tenir tête à tous.

Cependant il y a une limite à observer, surtout lorsqu'il s'agit de la vie sociale. Dans la vie conjugale, on doit savoir mettre de côté une bonne part d'amour-propre ; s'obstiner ou se renfermer dans son bon droit et sa fierté aurait souvent des résultats déplorables, et parfois celui qui cède conquiert un grand avantage sur l'autre. Mais il y a de ces concessions pour lesquelles on ne doit pas faiblir. Aussi est-ce encore plutôt de la fermeté que de la dignité. Ces différences légères, et cependant si importantes, sont souvent la source de luttes quotidiennes. Moi qui ai l'occasion de fréquenter toutes les classes de la société, du haut en bas et de long en large, oserai-je dire, je vois parfois des négociants lutter contre leurs intérêts par fausse vanité; des amis se brouiller, pour ne pas vouloir tolérer quelques défauts dans les autres; chacun veut que l'autre cède et fasse ce qu'il désire. Quant aux unions malheureuses qui naissent de cet état de choses, aux luttes intestines qui divisent les familles de ce fait, elles sont innombrables.

LA PETITE BÊTE

La petite bête! la connaissez-vous?... Elle existe partout! dans la robe la plus élégante et dans le cheval le plus fameux; dans le caractère le plus parfait et dans la beauté la plus éclatante, dans le bébé le plus adorable et dans l'homme le plus illustre, dans l'habitation la plus somptueuse et dans la vie la plus heureuse! Partout, si vous voulez y regarder de près, vous apercevrez la petite bête : c'est le léger défaut qui existe dans toute chose ou dans toute créature terrestre où la perfection absolue n'existe pas; c'est le ver qui ronge, ronge jusqu'à ce qu'il ait atteint le cœur du fruit, et il n'est visible que pour le fruit même; au dehors, c'est à peine un petit point que l'œil est impuissant à apercevoir.

Il y a des caractères... malheureux, qui aperçoivent au premier coup d'œil la petite bête au milieu de la perfection même. C'est ce trait qui dévie d'une ligne, c'est ce mouvement qui ne concorde pas, c'est cette nuance qui ne s'harmonise qu'à demi, enfin c'est le petit point blanc qui apparaît dans le ciel et formera bientôt un nuage d'où l'orage ne peut manquer de fondre sur nous!

Pourquoi n'en est-il pas de même pour l'autre petite bête, celle qui nous ronge? Pourquoi ne la voyons-nous pas nous-mêmes? Nous apercevons cette moindre imperfection quand il s'agit de notre voisin ou de ce qui lui appartient, mais nous ne voyons pas l'insecte qui pénètre en nous, se nourrit d'aliments que nous lui fournissons nous-mêmes, tend à arriver au cœur pour atteindre notre vitalité et nous détacher de l'arbre de la vie.

Quelquefois le défaut que nous voyons dans notre prochain est le même qui nous attaque aussi sérieusement. Mais, par un effet d'optique de l'intelligence humaine, qui se dit cependant clairvoyante et éclairée, nous ne voyons, nous ne sentons même pas l'insecte rongeur qui est en nous, mais nous apercevons au premier coup d'œil le plus petit défaut qui, selon nous, enlève tout mérite à ce qui n'est pas nous!

Ce serait peut-être une sorte d'égoïsme, mais alors un égoïsme sain et de bon aloi, que celui qui nous porterait à bien moins nous occuper des défauts des autres et un peu plus des nôtres!

Ce qui est encore très fâcheux, c'est quand nous découvrons la petite bête dans tout ce qui nous approche; nous nous rendons ainsi horriblement malheureux, et en même temps faisons le malheur de ceux qui nous entourent.

Il faut apprendre à voir les choses un peu en grand, laisser de côté le défaut de la cuirasse, regarder le fruit du côté où il n'est pas difforme, voir la vie en beau, fermer sa fenêtre quand il ne fait pas soleil, laisser passer la tempête, ou la regarder en amateur, mais être sévère si l'on sent en soi l'ennemi s'introduire, resserrer les pores de son existence pour l'empêcher d'y pénétrer.

LES CRISES

OCTAVE Feuillet a laissé une comédie bien caractéristique, intitulée *la Crise*, nous montrant un ménage après dix années de mariage près de se brouiller, et sortant victorieux de l'épreuve.

Il y a d'autres genres de *crises* que celle-là, quoiqu'elles soient sœurs !

Qui n'a pas éprouvé, dans quelque situation qu'il soit, de ces moments de défaillance morale, où l'état physique joue souvent un rôle, qui font regarder autour de soi avec désespérance? Il ne s'agit pas toujours de ces grandes catastrophes subites et inattendues qui viennent vous frapper et suscitent par leur grandeur même une réaction en même temps que des dévouements, mais de ces petites tracasseries de la vie qui liment, minent sourdement : un petit refuge bien caché que l'on s'était réservé au fond du cœur vient à manquer ; les efforts semblent stériles; dans une nuit d'insomnie, on voit tout s'assombrir autour de soi, on regarde en vain pour apercevoir un soutien, une consolation quelconque : rien! c'est le vide ! et si, le lendemain, le cœur plein, on veut s'ouvrir à un ami, il vous regarde très étonné de vous voir aussi ému pour si peu de chose ; il vous assure avec le plus beau calme que vous n'êtes pas le seul à vous trouver dans ces circonstances; il veut bien vous indiquer quelquefois, en réponse au cri de votre âme, ce que vous auriez dû faire ; à peine voudra-t-il dire ce qu'il y aurait encore à faire, mais sans rien faire lui-même et sans prendre autre intérêt. Peut-être ne vous trouve-t-il pas assez malheureux...

Il vous reste dans l'esprit l'impression que, si vous étiez plus malheureux, il vous abandonnerait encore davantage. Et cependant, dans ces moments de découragement où les nerfs jouent un grand rôle, parce que les nerfs jouent aussi un rôle dans la force qui nous fait combattre la vie, combien peu il faut pour rendre la sérénité, le courage! Le moindre mot, la moindre attention nous suffit. C'est une lettre d'un ami lointain que le facteur apporte et qui vous apprend que vous n'êtes pas oublié, ce sont vos plants de violettes qui fleurissent sur votre balcon, votre enfant qui se met à rire et s'offre à vos baisers...

On a vu des hommes très forts, car le sexe masculin est sujet aussi à ces crises, dans le *struggle for life* qu'il livre journellement, tout à fait rassérénés par une risette de leur bébé.

Nous autres femmes, nous avons des petites luttes incessantes à supporter; l'épanchement est un des meilleurs remèdes aux cœurs trop pleins, à l'imagination trop vive. Il semble qu'on se sente soulagé et prêt à reprendre le fardeau avec plus de courage. Il est même extraordinaire combien, après les crises, on se sent plus fort et plus ferme dans la tâche à remplir, qu'on se la soit tracée soi-même ou qu'elle nous soit imposée.

On dirait que le Ciel prend en commisération nos souffrances; après l'orage il ouvre l'éclaircie, et c'est souvent au moment où, ballotté par les ennuis de tout genre, il vous semble que vous allez sombrer, que se présente sous votre main, d'une façon inattendue, amenée par le malheur même, l'ancre du salut. Que de fois voit-on surgir des plus grands malheurs les plus grands bonheurs de la vie! C'est toujours une consolation de penser que l'arc-en-ciel luit bientôt après l'orage et que la Providence « à brebis tondue mesure le vent ».

Dans les crises de découragement, la patience, la tolérance, sont de grande aide. C'est là qu'on voit sombrer les sceptiques, car ils ne connaissent aucune de ces vertus théologales et sublimes à laquelle se raccrocher. Sans Foi, sans Espérance, sans Charité, par quoi voulez-vous qu'ils soient soutenus?

Abandonnés des humains et des événements, il ne leur reste pour refuge que le néant où ils vont se précipiter, entraînés par la folie qui a présidé à toute leur vie.

Mais celui qui croit encore en quelque chose, qui est supporté par un espoir confiant, qui tient à son prochain, non par un amour égoïste se rapportant à lui, mais par le sentiment d'être encore utile et nécessaire, trouve des éléments pour se fortifier et ne pas se laisser abattre par des déceptions passagères.

LA COMPARAISON

Ce qui fait distinguer le bonheur du malheur dans les choses matérielles de la vie, c'est surtout la comparaison. On regarde chez son voisin, par la fenêtre, et on trouve plus beau que chez soi parce qu'on y voit mal et qu'on n'aperçoit pas les coins sombres.

Que de dévouement et d'héroïsmes inconnus! Oui! je le sais bien, vous souffrez de la vie que vous êtes obligées de mener, de votre destinée qu'il vous faut subir; mais, mes chères sœurs, nous en sommes toutes là! Vous, vous vous plaignez d'avoir en perspective une vieillesse isolée, parce que vous n'osez plus espérer vous marier, mais je puis vous opposer bien des femmes qui ont été mariées et ont eu des enfants, et qui passent néanmoins leur vieillesse isolée, par le fait soit de la mort, soit de la méchanceté humaine.

Presque toutes mes correspondantes se plaignent de ne pas avoir assez de fortune, et cependant que de degrés entre elles! D'abord en voici une qui, réellement, n'a pas, assuré, le pain du lendemain; eh bien, c'est celle qui se lamente le moins; elle compte sur le bon Dieu :

> Aux petits des oiseaux il donne la pâture,
> Et sa bonté s'étend sur toute la nature...

et aussi sur son travail régulier. Elle ne songe pas à se plaindre du moment qu'elle a du travail et trouve à gagner sa vie. En effet, de quoi se plaindrait-elle? que pouvons-nous désirer de plus que le moyen de vivre? Mais voici une autre qui a un revenu modeste, quelques milliers de francs à peine; ce serait l'opulence pour la première, vous croyez que celle-ci est au moins à moitié satisfaite? Ah! bien, oui! elle se plaint amèrement de l'existence, car elle est obligée de demeurer à un quatrième et de travailler pour augmenter ses ressources. Elle ne se contente pas de trouver du travail, elle voudrait ne pas avoir besoin de travailler! Voici encore Mme *** dont le mari a une place de quinze mille francs. Vous la pensez riche? Quelle erreur! Mais c'est la misère, me répond-elle, la misère avec ses noirs satellites!

Plus on monte, plus on trouve de misérables! Et, en résumé, celui qui est en haut de l'échelle envie celui d'en bas.

Celui-ci se plaint de ne pas avoir d'enfants, cet autre d'en avoir cinq. L'un demande du travail, celui-là en a de trop. Jamais, ou bien rarement, vous ne trouverez quelqu'un content de sa position. Et cependant, en y réfléchissant bien, combien il importe peu, vu la fin du tout, que l'existence se passe comme ceci ou comme cela! On jouit, on souffre; après quelques années, jouissances ou souffrances apparaissent comme voilées par un nuage; elles paraissent bien loin et bien effacées. Le but que l'on poursuivait, dès qu'on l'atteint, il s'évanouit et recule comme l'ombre que l'enfant veut saisir.

Je le sais bien, chère madame, vous êtes héroïque, votre vie n'est que dévouement; c'est pour cela précisément que vous ne devriez pas vous trouver à plaindre. Quelle joie de vous retrouver avec votre famille après la journée de travail intellectuel! cette tâche que vous vous êtes donnée et que vous remplissez avec tant de zèle vaut mille fois mieux pour vous que de passer votre vie dans l'oisiveté. Vous êtes utile à votre famille et aussi aux autres. Des femmes riches la remplissent par charité, cette tâche; des duchesses millionnaires, sous le voile de la religieuse, s'en acquittent. Ne vous imaginez donc pas si malheureuse, quand le soir vous vous retrouvez entourée d'un mari bien-aimé et de beaux enfants chéris, et ne me pensez pas dure et méchante parce que je vous dis que vous devez vous estimer heureuse, quand vous êtes entourée d'ennuis.

Mais voici une jeune personne qui se plaint aussi! elle accuse la chance qui en favorise tant d'autres et ne lui sourit pas. Ah! ma chère enfant, j'aurais envie de vous faire un gros sermon. D'abord, dame Chance mettrait bien de la bonne volonté pour aller vous découvrir, vous prendre par la main et vous traîner au succès! Les personnes qui, selon vous, ont tant de chance, croyez-moi, elles le méritent grandement; je veux dire qu'elles ont joliment poussé à la roue de la Fortune pour la faire tourner vers elles et n'ont pas craint de s'en faire écraser les pieds; et combien, pour une qui réussit à monter dans le char, parce qu'elle est plus vigoureuse et plus agile, combien ne réussissent qu'à tomber sous les roues! Un mari bon et riche, ça se trouve, mais pas à chaque pas. Pour être sûr de ne pas former des vœux stériles, il est préférable de borner son ambition. Les jeunes filles, et souvent aussi les parents, ne savent pas être modestes et se contenter de ce qu'ils trouvent. Et puis, si vraiment vous n'avez jamais rien trouvé, eh bien, persuadez-vous que c'est pour le mieux, et que bien des chagrins vous ont été épargnés.

C'est pourquoi les philosophes s'accommodent de ce que chaque jour de la vie leur apporte : car, si ceci arrive, Dieu seul sait ce qui aurait pu arriver à la place! Croyez-moi, j'ai étudié soigneusement la vie, j'ai sondé l'existence de ceux qu'on aperçoit de loin et qu'on appelle les heureux de ce monde, et j'ai acquis la conviction qu'ils sont sujets aux mêmes douleurs physiques d'abord, aux mêmes peines morales ensuite, quoiqu'elles puissent se présenter sous d'autres faces.

La femme qui foule aux pieds un tapis de moquette, qui est servie par des gens en livrée, ne pense plus au bien-être que lui procure ce luxe, elle ne l'apprécie pas à la même valeur que vous qui en êtes privée, et il ne l'empêche pas de souffrir avec la même intensité, tandis que *vous*, vous vous figurez que vos douleurs en seraient adoucies. Il n'en serait rien.

A côté des ennuis causés par le manque de fortune, il y a des peines de cœur bien cruelles, et je n'ai pas de force pour sermonner celles-là! Ce sont les seules peines d'une véritable intensité que celles causées par la perte des êtres chéris, par le déshonneur venant de ceux que l'on voudrait estimer! Que de plaies secrètes sont renfermées dans les familles, et sont de véritables cancers qui rongent!

Je ne puis prendre au sérieux le malheur de Mlle ***, parce qu'elle ne peut avoir une toilette aussi élégante que celle de sa voisine. Le bonheur, pour ce qui est des luttes ordinaires de la vie, git dans la science de savoir se contenter de ce que la Providence nous a donné, de ne pas nous croire déplacées à la place qu'elle nous a assignée, de ne pas regarder sans cesse à côté de nous, ou plus haut.

Je connais une personne qui passe pour être la plus heureuse du monde aux yeux des gens qui ne la voient qu'à distance. S'ils vivaient de sa vie seulement trois jours, ils crieraient à la mort. Cependant elle est réellement aussi heureuse qu'on l'imagine, parce qu'elle sait trouver sa satisfaction dans ce qu'elle a. Les intimes qui pénètrent dans sa vie lui disent souvent, tout étonnés de ne pas l'entendre se plaindre : « Mais c'est bien ennuyeux de mener la vie que vous menez !... C'est bien terrible pour vous d'être astreinte à telle ou telle chose !... » et ils hochent la tête d'un air de doute quand elle les assure « qu'elle ne trouve pas que ce soit un ennui, du moment que c'est un *devoir* ».

A celui-ci la destinée donne l'opulence, et, la plupart du temps, la lui rend lourde à porter. Le riche se lamente aussi fort que le pauvre, et il a raison, car il a la même dose de fardeau. L'organisateur de toutes choses a mis dans notre cœur ce continuel mécontentement de notre position pour nous égaliser. Relativement on trouve plus de satisfaction dans la classe pauvre, parce qu'il y a moins d'ambition et moins d'envie. Je conseille donc à Mlle *** de regarder les moins fortunées qu'elle qui doivent se contenter de toilettes encore plus simples, d'une existence plus isolée, qui habitent des campagnes encore plus reculées; et, au lieu de rêver au bonheur de mademoiselle une telle qui a fait un riche mariage, bonheur peut-être bien contestable si on le disséquait, qu'elle songe que beaucoup trouvent le moyen d'être heureuses et de rendre heureux ceux qui les entourent, sans se marier. Sans qu'il soit défendu de chercher à améliorer sa vie, intellectuellement et matériellement, il ne faut pas se trouver malheureuse parce qu'il y a des bornes et des limites que nous ne pouvons franchir.

LE PREMIER MOUVEMENT

Tout adage, tout conseil varie selon les circonstances et trouve sa contre-partie. « Défiez-vous du premier mouvement. La nuit porte conseil », dit-on, et aussi : « Le premier mouvement est le bon. Il faut battre le fer tandis qu'il est chaud ! » Où est la vérité ? Lequel des deux avis faut-il suivre ? Eh ! les deux sont bons à suivre ; tout dépend des circonstances.

Lorsque vous êtes sur le point de commettre une méchante action, prenez le temps de réfléchir ; lorsque vous vous sentez sous l'empire de la colère, de la passion, attendez que la nuit ait passé sur votre colère ; mais, s'il s'agit d'être bon et charitable, s'il s'agit de faire amende honorable, d'obéir à un bon sentiment, de céder à une noble inspiration, de prendre une bonne résolution, oh ! alors laissez-vous influencer par le premier mouvement ; ne calculez rien, ne réfléchissez pas, n'attendez pas, et surtout ne consultez personne, agissez selon l'inspiration de votre cœur !

Le premier mouvement dans ces cas-là est toujours le bon : il faut en profiter et battre le fer tandis qu'il est chaud, c'est-à-dire s'engager de façon à ne plus pouvoir revenir dessus.

Ce dont il faut se défier, c'est du premier jet de colère qui pousse aux actions les plus regrettables, et, en général, sur lesquelles il n'y a plus à revenir, du moins on le croit. C'est encore là une erreur inspirée par le faux amour-propre ; on peut toujours revenir sans lâcheté, et en conservant sa dignité, sur un premier mouvement par lequel on a été emporté trop loin ; et on doit y revenir, lorsqu'on s'aperçoit de sa faute, plutôt que de persévérer dans une erreur qui deviendra, par la persévérance, irrémédiable.

Que de fois ce premier mouvement nous entraîne plus loin que nous ne pensons! que de fois on est victime de ceux qui l'ont suivi!

Un moyen pour se mettre judicieusement à l'abri des coups de tête des amis : on reçoit une lettre; cette lettre a été écrite, évidemment, sous l'empire d'un moment de mauvaise humeur que la personne déplorerait plus tard, si l'on y répondait comme la lettre le mérite, le dissentiment s'envenimerait tellement qu'il n'y aurait plus d'accord possible; au lieu de s'en blesser, on écrit comme si l'on n'avait pas reçu la lettre. L'ami se dit : « Bah! il n'a pas reçu ma lettre! Eh bien, tant mieux, après tout! j'avais peut-être tort : c'est un bon cœur; ne pensons plus à mon ressentiment dont il n'a rien su! »

J'ai vu un cas où l'on a renvoyé la lettre malsonnante. « Vous vous êtes trompé, a-t-on écrit à son correspondant; cette lettre m'est arrivée par erreur, ce n'est pas à moi que vous l'adressiez; je vous la retourne; je n'ai pas fini de la lire »; et il suivait de bonnes et affectueuses phrases pour ramener l'emporté.

On peut, sans manquer de dignité, ne pas accepter ce qui a été fait dans un premier mouvement de colère.

Pour nous résumer, il faut distinguer avec soin le bon mouvement du mauvais : la réflexion est, en général, salutaire plutôt que nuisible; agir sous l'empire d'une passion quelconque est dangereux; obéir à une impulsion généreuse, à une idée neuve qui surgit et nous entraîne en avant, ne peut être mauvais; et c'est ainsi que les proverbes, tout contradictoires qu'ils semblent, peuvent être suivis dans leurs différentes acceptions.

COMPTER SUR SOI

C'EST une singulière habitude qu'ont nombre de personnes de se figurer que chacun doit les aider et les sortir de peine, voire même leur donner ce qu'elles peuvent désirer. Elles sont convaincues que leur prochain leur doit protection, aide, secours, partage dans ce qu'il a. Cette idée serait excellente si chacun la partageait; nous devrions certainement nous porter aide réciproquement, mais il faudrait que ce fût *réciproque*, et précisément la plus grande partie de l'humanité est profondément égoïste et voudrait bien qu'on lui donnât tout, sans qu'elle remît rien en échange.

Il est très louable d'être imbu de l'idée que l'on doit aide à son prochain, mais il est très pratique de ne pas compter sur lui. Les antichambres des hauts personnages ne désemplissent pas de solliciteurs convaincus qu'on les attend pour leur délivrer les meilleures places, et persuadés qu'il leur est fait une injustice criante si on ne les leur donne pas sans qu'ils aient rien fait pour cela que les demander!

Il est malheureusement vrai qu'il est fait souvent, dans les administrations, des passe-droits, du moins on le dit; je me demande parfois si en accordant à ceux qui réclament on n'aurait pas fait un passe-droit encore plus grand!

En recevant un avantage dû à une faveur, on doit se sentir amoindri, abaissé à ses propres yeux; en acquérant aussi peu que ce soit au prix de son mérite réel, et comme résultat d'efforts physiques et intellectuels, mais dignes toujours, on se sent au contraire élevé; on a conscience d'être capable et de n'avoir besoin de personne.

N'avoir besoin de personne! savoir se suffire! c'est, aussi bien dans les grandes choses de la vie que dans les petites, une question vitale bien importante et qui devrait être un principe d'éducation.

L'homme qui n'est rien que par le régime politique en cours, et non par son talent et ses capacités, celui qui compte sur les antécédents de sa famille, sur les protections de ses parents ou de ses amis pour le faire avancer, peut voir le gouvernement changer, ses parents ou ses amis mourir ou l'oublier.

La femme qui ne peut vivre sans les fêtes et le monde, tous ceux qui ont besoin d'avoir autour d'eux des serviteurs, sans quoi ils ne sauraient vivre, sont exposés à bien des infortunes.

C'est d'une grande philosophie de savoir se suffire et de pouvoir se passer du monde; c'est une grande richesse, la plus grande que l'on puisse avoir, car elle nous permet de vaincre tout et de ne pas craindre la pauvreté, ce fantôme si effrayant.

Ce serait une ressource d'un prix inouï que l'on donnerait à un enfant, en lui enseignant qu'il n'a ni n'aura jamais à compter que sur lui-même, aussi bien pour les soins les plus vulgaires que dans les circonstances de la vie les plus difficiles. Mais, en lui donnant cette conviction, il faut le mettre à même, naturellement, de pouvoir y faire face.

L'infirmité, la maladie, l'idiotisme, la folie, la vieillesse avancée : voilà des cas bien pénibles et bien tristes, où nous ne pouvons plus compter sur nous-mêmes, où nous devons absolument avoir recours aux autres, heureux alors si nous les trouvons! Mais l'homme valide et jeune, la jeune femme, qui attendent tout des autres et de la chance, sont destinés à traîner une existence misérable, lors même qu'ils réussiraient, car la conscience de leur non-valeur les poursuit, et, lors même que la fortune leur suffit, l'estime, l'admiration que leur procurerait leur mérite leur manque, et les replonge toujours dans l'obscurité d'où ils désirent sortir.

La seule façon de ne pas avoir de déboires dans la vie, la plus grande force est certainement de ne compter que sur soi. Si l'on approfondissait la chose, on s'apercevrait que l'on prend tout autant de peine, pour ne pas arriver au même résultat, d'aller implorer chacun. Et cependant que de fois vous entendez dire, et cela fait vraiment pitié : « Je devrais obtenir telle place, à cause des services rendus par mon oncle... Je vais avoir tel emploi, parce que j'ai un ami très puissant dans telle administration. »

Jamais on n'entend : « Je sollicite telle fonction parce que j'ai les aptitudes et les connaissances nécessaires, et je puis en donner les preuves. »

Cela vient de ce que l'on est imbu de l'idée que les capacités ne sont pas appréciées, que les protections font tout. Cela n'est peut-être pas aussi vrai, aussi fréquent qu'on l'assure, attendu que les refusés, au lieu d'accorder aux élus des talents dont ils sont privés eux-mêmes, ont bien plus vite fait de mettre cela sur le compte de la faveur. On est aveugle sur soi-même; on ne voit pas ses défauts. On se figure valoir plus que les autres, et, au lieu de s'adresser des reproches mérités, c'est si facile de se consoler en se disant : « Oh! ce n'est pas *cela* qui a empêché; celui qu'on a pris à ma place vaut moins que moi! ce sont les protections qui m'ont manqué! » Il y a ainsi tant de phrases de convention! Ceux qui pourraient nous ouvrir les yeux, ou sont aveuglés aussi par leur tendresse, ou sont arrêtés par la politesse; lors même qu'on rencontre de la franchise, on n'y croit pas.

Si bien des gens qui méritent de réussir ne voient pas leurs efforts couronnés de succès, si ceux qui arrivent n'ont pas toujours un mérite complet et absolu, il faut reconnaître cependant que ces derniers sont doués la plupart du temps d'une qualité transcendante, ou tout au moins d'une grande énergie, d'une grande activité, qu'ils font beaucoup par eux-mêmes, qu'ils ne se contentent pas d'être aidés par les autres, et qu'aux premiers il manque une qualité fondamentale.

Plus nous allons, plus nous progressons en égoïsme, et moins nous devons compter sur notre prochain, qui ne nous accueille que pour voir s'il pourra se servir de nous en guise de piédestal, sinon il est prêt à nous replonger dans le gouffre.

Et ce n'est pas seulement dans les circonstances importantes de la vie qu'il ne faut compter que sur soi, mais aussi dans les plus petites. Que de petits malheurs et de grands aussi il arrive dans la vie domestique, parce que la jeune femme s'en remet aux autres! Des accidents terribles, des maladies, des catastrophes, des oublis, des négligences. « J'avais compté sur la bonne... j'avais confiance en ma femme de chambre... j'avais dit qu'on fasse cela... je croyais qu'on l'avait fait! »

Que de fois on entend les maîtresses de maison s'écrier : « Il faudrait tout faire par soi-même! »

Le fait est que, dans les petites comme dans les grandes circonstances de la vie, le mieux est de ne compter que sur soi.

POURQUOI MOI
ET PAS UN AUTRE?

Voila une question que s'adressent les gens de toute condition, mais qui se présente surtout à l'esprit des malheureux. La destinée semble aveugle en s'attachant à chacun de nous; ses coups tombent deci, delà, sans que nous puissions en distinguer le motif. Pendant que les saisons paraissent se succéder avec une utilité raisonnée, que les productions de la terre mûrissent à point pour nos besoins, le bonheur ou le malheur tombe au hasard sur nos épaules et sur ceux des autres êtres vivants sans que la cause puisse en être devinée. Qu'ont fait ce cheval infortuné de tombereau roué de coups toute la journée, ce pauvre chien qui est à moitié écrasé et qui traînera éclopé, repoussé, sa misérable existence de longues années encore, inutile et souffrant, ce petit oiseau que le plomb atteint? Pourquoi ce triste enfant est-il aveugle, quand tant d'autres à côté jouissent de leurs yeux? Pourquoi lui, et pas un autre? Voilà le problème qui reste impossible à résoudre. Le pauvre se le pose sans cesse et en fait sa désolation.

Mais vous, Madame, qui êtes née dans l'opulence, qui avez eu de bons parents pour entourer votre enfance et avez rencontré tous les sentiers aplanis, vous n'avez pu échapper à certaines souffrances corporelles peut-être; mais rien de trop malencontreux ne vous est survenu; les lois de la nature n'ont pu s'arrêter pour vous, il est vrai, et vos parents sont morts à l'âge voulu; à vos plaisirs et à vos petits ennuis de jeune fille ont succédé ceux, plus grands ou plus sérieux, de femme et de mère ; mais ne devez-vous pas aussi vous demander comment il se fait que vous ayez été classée parmi les élus? Et, s'il vous arrive une de ces catastrophes d'autant plus foudroyantes que vous tombez de plus haut, vous vous écriez au plus vite et le plus sincèrement du monde : « Pourquoi ce malheur m'arrive-t-il à moi, et pas à celle-là qui est à côté? »

Si l'on ne voit pas la poutre du malheur qui est chez le voisin, la paille qui entre chez nous prend des proportions terribles.

Par un effet d'optique intellectuel, qui n'est probablement qu'un effet de la haute Sagesse qui procède au règlement de toutes choses en ce monde, ces existences exemptes d'inquiétudes que je viens de dépeindre trouvent dans les moindres incidents de leur vie de quoi rendre celle-ci tumultueuse et émouvante, obéissant à une loi instinctive qui nous pousse à une inquiétude perpétuelle, laquelle doit être pour satisfaire le besoin d'amélioration qui nous porte à désirer toujours mieux que ce que nous avons.

Donc, si dans n'importe quelle heureuse position où nous soyons, nous devons nous demander : « Pourquoi moi plutôt qu'un autre à cette place d'élite ? Parce que j'ai quelque chose de bon et d'utile à y faire sans nul doute, une route tracée à suivre » ; celui, au contraire, qui voit une malheureuse destinée l'accabler, doit aussi se dire, sans envie, qu'il n'est pas le seul dont la place n'a pas été marquée parmi les heureux, et, se raidissant contre les impressions physiques, en prendre son parti philosophiquement, pour les années si courtes, si limitées à passer sur la terre.

N'est-ce pas aussi le cas pour ces reines, ces impératrices, qui voient leurs fils pris par la mort, à des âges où l'on a tout lieu d'espérer encore de longues années, comme le jeune roi d'Espagne? « Pourquoi lui, ce privilégié jusqu'à ce jour? » Et pourquoi pas lui? Tant d'autres sont pris ainsi! Il n'y a de privilégié ni pour la mort ni pour les accidents; la plupart du temps, nos plus grands bonheurs et nos plus grands malheurs nous arrivent d'une façon tout à fait imprévue, au moment où nous nous y attendons le moins; et, le plus souvent, ce que nous avons pressenti de longue main, la plus chère espérance que nous nous sommes plu à caresser longuement, s'évanouit en fumée, la catastrophe que nous avons appréhendée toute notre vie nous est épargnée.

Par moments, il me semble que nous devons être pour le grand Moteur universel comme ces immenses nids de fourmis que l'on rencontre à la campagne où leurs peuplades si industrieuses ont construit des souterrains, des fortifications, des magasins de réserve; le promeneur insouciant, invisible aux petites bestioles, à cause même de sa grandeur, démolit d'un coup de pied une partie des constructions, il en écrase quelques-unes, et elles doivent s'imaginer que c'est une trombe terrible qui s'est abattue sur elles!

Et je détourne mes pas du nid de fourmis, quand je le rencontre sur mon chemin! Je me détourne aussi de la modeste fleurette isolée, du brin d'herbe qui ne demande qu'à vivre; n'ont-ils pas tous un droit égal à la lumière et à la vie? Ah! combien, dans la nature entière, de souffreteux et de victimes, à côté des victorieux et des triomphants!

LES REVERS DE FORTUNE

Qui est-ce qui peut se dire à l'abri des revers de fortune? Quel est le capitaliste le plus sûr de ses placements, le propriétaire le mieux loti, le négociant à la tête de la plus grande industrie, le fonctionnaire de la plus haute administration, qui soit sûr du lendemain? Ce sont des guerres qui se déclarent entre les États et font baisser les rentes... il y a tant de motifs imprévus pour faire tomber les fonds à la Bourse! C'est un incendie qui dévore votre maison, des non-valeurs dans vos locations, des réparations inattendues, les intempéries qui font périr vos moissons; puis ce sont les calamités publiques, et les maladies, les morts dans la famille, et les changements de gouvernement. Il est assez rare, par le temps qui court, de voir la fortune rester fidèle de longues années à la même famille. On peut dire que jamais la déesse n'a été aussi inconstante et aussi aveugle, jamais sa roue n'a tourné aussi vite, jamais elle n'a éparpillé ses faveurs avec autant de prodigalité sur son passage, de façon à se trouver à sec un peu plus loin.

Que d'exemples nous avons autour de nous! Que de récits émouvants on peut raconter! Il y en a qui tombent d'un seul coup, d'autres qui mettent quelques années à dégringoler. Vous entendez parler de l'hôtel de la comtesse une telle, de ses voitures, de ses chevaux, de ses diamants, des fêtes qu'elle donne à son château; vous croyez la position stable, et vous n'en revenez pas lorsque, quelques mois après, vous apprenez que le château est à vendre, que l'hôtel est loué, que madame réalise ses bijoux, et que la séparation de biens est prononcée. Puis, vous n'entendez plus parler de cette famille jusqu'au moment où, pensant que vous pouvez être utile, on vient vous demander une recommandation.

Quand le malheur vient frapper à leur porte, il y en a qui préfèrent disparaître et se cacher, se sortir d'affaire seuls; d'autres, au contraire, remplissent l'air de leurs clameurs, et demandent à grands cris que l'on s'occupe d'eux.

Les gens riches doivent avoir le bon esprit de regarder la fortune comme un prêt que Dieu leur fait et qu'il peut leur retirer d'un moment à l'autre, comme la santé, et d'ailleurs tout ce dont nous jouissons en ce monde; la règle des religieux de ne s'attacher à rien de terrestre est bien la meilleure, puisque nous ne sommes jamais sûrs de rien garder.

Qu'est-ce qui est à nous véritablement? Ce qui est abstrait, en quelque sorte, les richesses de notre esprit, voilà ce que nous ne pouvons perdre; les qualités de notre âme, voilà ce que rien ne peut nous ravir; notre bonne réputation, voilà ce qui nous rapportera toujours.

Ceux qui pensent ainsi jouissent de leur fortune, mais en se tenant prêts à être pauvres demain, sans en être étonnés ni désarçonnés. Au contraire, bien d'autres se figurent qu'ils doivent être riches et heureux, que la Providence leur doit le bonheur plus qu'à leur voisin : on dirait qu'ils s'imaginent que la maladie, le chagrin, les pertes d'argent, ne doivent pas les atteindre ; ils sont certainement d'une autre essence que leur entourage, et ils sont à l'abri des revers ! Aussi que de lamentations quand le malheur frappe à leur porte ! Il les prend à l'improviste, ils ne s'y attendaient pas, et ils ne sont préparés à y faire face ni par la résignation ni par le courage. Alors vous les voyez s'adresser autour d'eux pour qu'on les tire d'embarras, sans s'apercevoir que, la plupart du temps, ceux de qui ils reçoivent secours sont tout autant dans la peine qu'eux-mêmes, et s'en sortent cependant tout seuls !

S'étant tenu toujours prêt aux revers, on y fait face avec beaucoup moins d'émotion lorsqu'ils sont arrivés, — car ils arrivent toujours un jour ou l'autre !

Je ne voudrais pas être de mauvais présage pour ceux de mes lecteurs qui sont entourés de tout le confortable et le luxe que procure une grande fortune, et peut-être vont-ils suspendre leur lecture devant le glas funèbre que je viens faire tinter à leur oreille, comme le « Frère, il faut mourir ! » des Trappistes, en leur disant : « Le malheur viendra ! » Je souhaite de tout mon cœur qu'il ne vienne pas, mais ce sont les plus favorisés de la fortune qui y sont les plus exposés ; les positions modestes sont souvent plus sûres, moins sujettes aux revirements.

Pour s'y préparer il faut en jouir sans ostentation, se servir volontiers soi-même au lieu de déranger les domestiques à tout instant ; avoir des vêtements simples, une nourriture saine, mais sobre ; la vanité et la paresse sont exclues du programme.

Bien des parents répètent sans cesse à leurs enfants : « Quand nous aurons plus d'argent, nous ferons ceci ; si nous étions riches, nous ferions cela. » De cette façon, on habitue les enfants à désirer la fortune, à la considérer comme indispensable.

Il faudrait, au contraire, leur répéter souvent pour leur donner une éducation austère et sérieuse : « Que ferions-nous dans la ruine ? Eh ! bon Dieu, nous nous arrangerions de telle ou telle façon, et nous ne serions pas tant à plaindre ; nous saurions bien nous tirer d'affaire ! »

―――

LE PASSÉ

Je m'étais dit souvent qu'on avait beau mener une vie de probité et de loyauté, faire le bien autour de soi, se conduire vertueusement en dépit des tentations, il ne fallait espérer en retirer qu'une satisfaction intime, une conscience tranquille... Mais les sympathies qui, dans notre malheur, nous sont parvenues de tout le monde, de toutes les classes de la société, m'ont prouvé qu'on peut espérer quelque chose de plus : l'estime du prochain. »

Ainsi m'écrit une lectrice qui vient d'être cruellement éprouvée.

Oui, les déceptions de la vie sont si fortes que, dans le sentiment amer que l'on éprouve, on s'aigrit, et l'on accuse presque la Providence ; on voit prospérer les mauvais, et, comme soi-même, en restant vertueux, on prospère moins, on se dit que la vertu ne sert à rien dans ce monde ! Je le répète, c'est la douleur qui rend injuste.

Si l'on réfléchissait, si l'on observait ce qui se passe autour de soi, en l'approfondissant sans se contenter de la surface, on reconnaîtrait bientôt son erreur. Cette erreur vient de ce que même les plus nobles natures ont le tort de vouloir envisager le bonheur sous le rapport pécuniaire. Parce que le mauvais est riche, on se figure qu'il est heureux. Sa fortune seule doit suffire, tandis que vous, vous vous croyez malheureux, parce que vous n'êtes point riche. C'est là une affaire purement d'imagination. Combien de gens ne se croient pas absolument abandonnés de Dieu, parce qu'ils sont pauvres et obligés de travailler pour vivre !

J'en connais des quantités, et des vieux et des malades, et des jeunes et des beaux, qui toute leur vie sont obligés de lutter pour le pain de chaque jour, et qui ne songent même pas à s'en plaindre !

Je citerai entre autres une femme appartenant à la meilleure société. Elle a passé sa jeunesse dans la pauvreté, presque dans la misère, cette misère cachée de l'aristocratie ruinée. Enfant, elle n'a pu goûter à ces petits plaisirs de l'enfance qui coûtent deux ou trois sous ; jeune fille, elle a dû se contenter des toilettes les plus simples et les moins coûteuses, tandis qu'elle aurait pu désirer rehausser sa beauté incontestable des colifichets qu'elle voyait à ses amies. Elle a épousé un homme de son monde, mais aussi pauvre qu'elle ; jamais elle n'a murmuré. Elle a continué sa vie d'économie, ne pouvant même se permettre un omnibus ni le moindre plaisir ; mais elle ne s'en croit pas plus malheureuse pour cela ; elle est même fort heureuse dans son petit réduit avec son mari et ses enfants.

J'en connais d'autres, au contraire, qui font entendre des lamentations sans fin parce qu'elles ne peuvent avoir le luxe d'une telle, les plaisirs de telle autre ; qu'elles sont tenues par un travail assidu, qu'elles ne peuvent aller à la campagne quand il leur plaît, etc. Et j'avoue que les bras m'en tombent quand j'entends ces discours. C'est bien facile à dire! Vouloir être riche! avoir ses aises, ne rien faire, enfin être parmi le petit nombre des privilégiées! Et puis après? Mais à côté de vous il y en a des millions comme vous qui ne se plaignent pas!

Mais je me suis éloignée de mon sujet. Je voulais dire qu'on ne considère le bonheur qu'au point de vue de la fortune, quand on s'imagine que le bien n'est pas récompensé sur terre.

L'expérience enseigne que la bonne réputation, celle d'un passé honorable, sans la moindre tache, vaut plus que la fortune et est une des récompenses les plus grandes que portent avec elles la vertu et la probité, pour la femme comme pour l'homme.

La jeunesse, qui se croit toujours très savante et qui veut trancher sur tout, se permet ces paradoxes : « La réputation, l'opinion sociale, qu'est-ce que c'est que ça?... Les fautes de jeunesse s'oublient... Tout passe, tout s'oublie... » Oui, hormis le mal qui vous retombe dessus au moment où vous vous y attendez le moins. Le jeune homme qui n'a pas encore de passé parle ainsi, mais le vieillard connaît l'importance du passé.

« Bah! avec de la fortune on se moque de tout le monde, on est bien reçu partout! » Quelle erreur! mais, au contraire, c'est quand on a la fortune qu'on déplore de n'avoir plus l'estime, la considération ; et, quand on a acheté quelques saluts, combien on se ronge, on se morfond de rage au dedans de soi-même! Il y a de ces riches qui meurent de ce besoin de considération!

Mais, si l'on a réussi à faire oublier, du moins on le croit, à dissimuler ce passé qui veut toujours surgir, comme la tache de sang sur la main de lady Macbeth, il reparaît au moment le plus inopportun. N'avons-nous pas vu tout dernièrement un homme qui était arrivé aux postes les plus honorables obligé de donner sa démission et de se retirer la rougeur au front, parce que, jeune homme, dans un moment d'aberration, il s'était laissé aller à un acte d'indélicatesse? Aujourd'hui qu'il occupait une haute fonction, croyant avoir effacé ce passé par trente ans d'honorabilité, il lui est jeté à la face; et quel scandale! quel voile terrible sur sa fortune!

Y a-t-il rien de plus affreux qu'une position irrégulière? En vain on s'efforce de la cacher, elle est dévoilée au moment où l'on s'y attend le moins, et retombe non seulement sur vous, mais sur vos enfants : car le passé, honorable ou déshonnête, rejaillit sur plusieurs générations. Il faut avoir pénétré dans l'intimité de ces existences pour se rendre compte de ce qu'on appelle une fausse position. Certes, cela n'empêche pas d'être riche, c'est possible, d'être entouré de luxe; mais ce luxe ne suffit pas au bonheur, puisque ceux-là mêmes qui l'ont n'ont rien de plus pressé que de chercher l'estime et la considération.

LA POSTÉRITÉ

J'AI lu je ne sais plus où combien il est utile que les générations présentes travaillent pour assurer le progrès matériel et moral de celles qui les suivront. S'il est une vérité connue, mais qu'il est toujours utile de rappeler, c'est que l'humanité serait tombée en décadence si chaque individu, si chaque père de famille, si chaque peuple, n'avait pas fourni son contingent d'action pour se procurer les moyens de conservation et transmettre à sa postérité le fruit de son activité et de son intelligence. Un coup d'œil jeté sur les siècles passés prouve que toutes les richesses amassées par nos ancêtres et dont nous jouissons actuellement sont le résultat de leur prévoyance de l'avenir.

De la part d'un État, songer à l'avenir indique la vitalité qu'il se sent, la foi qu'il a dans cet avenir. Il est bien clair que l'on n'est prévoyant que parce que l'on espère jouir des fruits de sa prévoyance ou par soi-même ou par ses successeurs.

Prévoyance est synonyme d'espérance. « Quand une société n'a plus d'espérance, dit quelque part l'illustre M. Guizot, c'est une société finie. »

La prévoyance est en même temps *la source de la conservation et la source du progrès*. Elle caractérise fortement les gouvernements où l'aristocratie et la démocratie marchent d'accord, comme c'est le cas du gouvernement anglais.

Si nous avions un livre à faire sur la meilleure forme de gouvernement, nous chercherions les conditions les plus propres à donner un gouvernement de *prévoyance* pour l'avenir.

Ce n'est pas ici le lieu de s'étendre sur cette matière. Disons seulement que l'idée de ce chapitre nous est venue en lisant un article sur une question astronomique. On sait que les astronomes envoyés sur divers points du globe ont observé et calculé avec une très grande attention le passage de Vénus sur le Soleil. Le but de ces observations est de mesurer avec plus de précision la distance du Soleil à la Terre. Les observations faites ont été consignées par écrit, mais le résultat n'en pourra être vérifié qu'au prochain passage de Vénus sur le Soleil, en l'an 2004, c'est-à-dire que nous devons attendre environ cent vingt ans. A cette date-là les astronomes qui ont fait ces observations, leurs fils, leurs petits-fils peut-être, ne jouiront plus de la clarté du soleil et des étoiles.

Beaucoup de gens diront : « Pourquoi se sont-ils donné tant de peine pour un résultat dont ils ne jouiront pas ? »

Mais leur postérité en jouira, mais ils laisseront à leurs descendants un nom honoré.

Ceci prouve, soit dit en passant, l'utilité des noms de famille.

Dans les États de l'Europe et en Amérique, on s'est fort inquiété de savoir pour combien de milliers d'années il reste encore de houille dans le sein du globe. En entendant cela on hausse les épaules et l'on taxe de folie ceux qui se préoccupent d'un avenir si lointain.

Et cependant, sans cette préoccupation, sans cette *prévoyance pour la postérité,* on ne peut pas prospérer, on ne peut pas compter sur une longue suite de siècles.

Une cause qui empêche souvent la prévoyance, c'est de s'imaginer que les résultats en sont trop éloignés pour que nous, ou au moins nos enfants, en puissions jouir. Les choses progressent plus vite qu'on ne se l'imagine.

Que de gens disent : « Après moi la fin du monde ! » La postérité ne leur est rien, ce sont des égoïstes, et, bien pis, des égoïstes envers eux-mêmes, car ils ne tiennent même pas à perpétuer leur souvenir ou leurs talents ; et cependant, comme il est impossible de profiter pendant notre courte existence de la somme de jouissances que pourrait nous donner ce que nous sommes obligés de laisser sur la terre, ce que « nous ne pouvons emporter », comme disent les paysans, pourquoi ne pas préférer en créer un souvenir utile ?

Les gens qui meurent sans testament, comme Gambetta, sans laisser une œuvre utile, sont du nombre de ces égoïstes, de ces indifférents. La postérité ne leur doit aucun souvenir, aucune reconnaissance.

LE RESPECT ET LA RÉSIGNATION

J E lis dans un journal, du parti politique et religieux duquel je n'ai pas à m'occuper, un reproche bien singulier. adressé à certaines institutrices : « Il y aura toujours des *pauvres* parmi vous, disent ces institutrices à leurs élèves, selon ce journal, et, continuet-il, elles cherchent à leur imprimer le *respect* des classes dirigeantes, à leur enfoncer dans le cerveau le dogme de la *résignation!* »

Je le répète, je ne m'occupe, ici, ni de politique, ni même de religion, et je prends simplement les mots *pauvreté, respect* et *résignation,* et je demande si, n'importe sous quel gouvernement qu'on vive, monarchie ou république, dans quel pays qu'on habite, à quelle croyance qu'on appartienne, même si l'on n'en a aucune, dans quelle position de fortune ou sociale que l'on se trouve, il est possible de se passer de respect et de résignation, si ce ne sont pas là deux principes indispensables à la vie. Ne rien respecter, ne pas savoir se résigner... que nous restera-t-il?

Ah! les parents qui ne veulent pas qu'on enseigne à leurs enfants le respect pour ceux qui les dirigent, la résignation dans le malheur, en seront cruellement punis dans eux-mêmes : d'abord, par la manière irrespectueuse dont ces enfants se conduiront envers eux (et je me demande s'ils seront alors très partisans de l'excellence du manque de respect), ensuite en voyant leurs enfants profondément malheureux par leur manque de résignation!

La vie entière, pour n'importe quel être humain, même pour celui qui est placé le plus haut dans l'échelle sociale, se résume, pour ainsi dire, dans ces mots : respect et résignation; respect des lois, respect de la vieillesse, respect de l'autorité, sans laquelle il n'y a pas de société possible : — les fourmis, les abeilles, reconnaissent une autorité; — respect de l'enfance, même par le vieillard, qui doit aussi se respecter lui-même.

Donc, il n'est pas compréhensible qu'on puisse vouloir élever des enfants sans leur imprimer le sentiment du respect pour ceux qui sont au-dessus d'eux, qui en savent plus qu'eux ; lors même que l'égalité de fortune ne serait pas une utopie, il y aurait toujours des supériorités de mérite, de talent, d'activité, d'intelligence, et ce sont ces supériorités qui procurent, la plupart du temps, celle de la fortune et de la position sociale.

Depuis l'abolition des majorats, depuis que les opérations industrielles et financières sont patronées par tout le monde, les grandes fortunes patrimoniales sont excessivement rares. Les rejetons des familles les plus nobles refont leurs fortunes, absolument comme de simples parvenus, à force de capacité et de travail. La place est ouverte à tous. Ah! je suis parfaitement d'avis qu'on doive enseigner aux enfants que la haute naissance ne *remplace* pas les qualités; elle peut en *donner,* parce que le produit d'un ivrogne et d'une femme de mauvaises mœurs est susceptible de ressembler à ses parents, aussi bien que celui d'un homme de mérite et d'une sainte femme l'est de ressembler aux siens : de même, il hérite d'un long nez ou de grands pieds, ou d'un mauvais sang; de même, il hérite de traits fins et distingués, d'une bonne santé. On ne peut nier que l'origine n'ait de l'influence sur l'être, mais cette influence peut être combattue par l'éducation; elle peut aussi ne pas exister, et que d'enfants voit-on qui sont absolument l'opposé des individus qui leur ont donné le jour !

Mais, précisément, c'est en inspirant aux enfants un respect profond et sincère pour ceux qui ont su arriver à des positions supérieures, ou à les conserver, c'est en ne leur dévoilant pas les défauts ou les faiblesses de ces supérieurs, s'ils existent, qu'on inspirera à ces enfants une heureuse émulation. Si on leur dit : « Celui-là que vous voyez riche et dans une haute position, il ne le mérite pas, il se conduit indignement (je ne nie pas que ce ne soit trop souvent vrai) », il restera dans l'esprit de l'enfant qu'il n'est pas nécessaire d'avoir des mérites ni de se bien conduire, et il se révoltera contre l'injustice humaine. C'est, au contraire, en lui inculquant, autant que possible, le respect d'autrui qu'on lui persuadera d'être aussi bon que possible pour arriver à le mériter aussi.

La grande porte de l'avenir est ouverte à tous ; il dépend de nous, pour la plus grande partie, de savoir nous diriger.

Cependant, parmi les écueils, s'il y en a qu'il dépend de nous d'éviter à l'aide d'une bonne éducation, il y en a qui viendront toujours se placer en travers de notre chemin. C'est souvent même dans les chemins les mieux battus, les plus unis, que la pierre que l'on rencontre, mieux cachée sous les fleurs, nous heurte le plus durement et nous est le plus sensible. Ces pierres, ces ronces, personne ne les évite tout à fait; mais quelques existences, de nombreuses existences même, sont toutes parsemées d'épines : c'est là que la résignation, ce sentiment sublime qui peut seul donner à bien des créatures le courage de supporter la vie, trouve son emploi. Hélas ! si l'on ne sait pas se résigner à sa destinée, que deviendra-t-on ? La lutte est possible dans quelques cas, mais que de fois il faut en prendre son parti !

D'abord, pour lutter, il faut de grandes capacités, de l'énergie, de la santé, de la jeunesse, de la liberté. Si l'on dépend de parents auxquels le devoir autant que l'affection attache; si l'on est vieux, malade, si la nature ne vous a pas doué d'une intelligence remarquable, d'une santé robuste; si, surtout, vous appartenez au sexe féminin, ce qui vous enlève une grande partie des moyens d'éviter mille tourments de la vie, qu'il s'agisse de peines morales ou de questions matérielles, la résignation est souverainement utile, et cette résignation, on ne la trouve, elle n'existe que dans la religion.

Dans l'humanité entière, on trouve des heureux et des malheureux. Depuis la fleurette qui est foulée aux pieds, tandis que la plante à côté croît et prospère, depuis le nid renversé par l'ouragan, auprès d'un autre nid à la couvée heureuse, l'insecte laissé en liberté et celui dont les enfants s'emparent pour le torturer en lui arrachant ses ailes, le cheval, le chien, jusqu'à l'homme, partout et dans tout nous retrouvons cette loi commune, immuable, contre laquelle tout murmure est inutile, de ce que nous appelons « la chance » : celui-ci, qui n'a qu'un enfant, le perd ; celui-là, qui en a dix, les conserve, tandis que tel autre les voit s'étioler et mourir tous les dix, endurant ainsi lui-même dix morts. Et ce malheureux encore, qui est mutilé par un accident impossible à prévoir, et tant d'individus à ses côtés qui ne sont jamais atteints! Combien la résignation, non pas aveugle, à notre destinée, ce qui deviendrait du fatalisme, mais à la volonté de la Providence, avec l'idée encourageante que l'épreuve nous est envoyée dans un dessein favorable, concourt à adoucir l'amertume de la vie! Ceux qui veulent supprimer la résignation de l'âme veulent donc enlever au malheureux sa suprême, son unique consolation!

Il n'y a pas à dissimuler qu'il faut une véritable grâce d'état aux classes pauvres pour supporter la vie, et je ne puis m'empêcher de rappeler ici, car c'est bien le cas, une grande parole dite par Mgr Perraud, académicien, dans son discours pour la réception de M. Duruy à l'Académie française, parole dont l'actualité si frappante a éveillé une légitime attention et provoqué des applaudissements unanimes de la part de l'auditoire ému :

« *Il n'y a aucun profit pour la paix sociale à détacher les hommes des perspectives de la vie future et à les renfermer exclusivement dans les préoccupations et les convoitises de ce monde* », a dit l'éloquent évêque d'Autun, et il a continué :

« Je me rappelle avoir lu sur une tombe du moyen âge une épitaphe latine où une belle et touchante pensée se cachait sous une sorte de jeu de mots : « J'ai voulu le ciel, et non la terre; « *non solum, sed cœlum.* » Aujourd'hui, au nom d'une logique inexorable, ceux qui travaillent, qui souffrent et qui ne croient plus à rien, retournent cette parole. La menace aux lèvres, souvent les armes à la main, ils disent : « *Puisque le ciel est vide, qu'on nous donne la terre, et, si on nous la refuse, nous la prendrons. Non cœlum, sed solum!* »

Par le respect, on donne à l'enfant le moyen de s'élever; par la résignation, celui de supporter les souffrances de la vie. N'importe à quelle classe un enfant appartienne, ces deux sentiments doivent lui être inculqués au plus haut degré, autant pour le bonheur de son entourage que pour sa propre félicité; celui qui sait se contenter de son sort, qui conserve ses illusions sur les gens qu'il est obligé de subir comme ses supérieurs, est déjà à moitié heureux. L'envie, la jalousie malsaine, ne viennent pas l'aiguillonner; il ne connaît ni l'amertume ni l'aigreur.

L'Évangile n'a pas tort en disant : *Heureux les pauvres d'esprit!* ce sont les trop riches d'esprit qui fournissent les trop nombreux déclassés du siècle, ces malheureux êtres qui, après avoir beaucoup végété, finissent si souvent par un acte de désespoir; et combien même de ceux qui semblent avoir réussi portent envie aux pauvres d'esprit, regrettent ce royaume du ciel qui leur est promis !

ÊTRE UTILE

To be or not to be!
Shakspeare.

To be or not to be! Être ou ne pas être! La vie passive ou la vie active! la vie passive, la vie qui n'est bonne à rien, c'est la vie du cloporte, de l'égoïste, c'est la tombe! il vous suffit de posséder cette tombe en marbre précieux, de la voir enviée; c'est une existence qui conduit au suicide, parfois au spleen, au dégoût toujours.

Chacun doit se rendre utile en ce monde, s'il veut conserver le goût de vivre; pour que l'existence conserve quelque attrait, il faut qu'elle ait un but en dehors de nous; si personne ne doit nous regretter à notre mort, si personne n'a à s'enquérir si nous existons ou non, nous ne pouvons qu'avoir une fin pleine d'amertume et de désillusion.

N'importe dans quelle situation on se trouve, on doit, sous peine de ne plus trouver d'attrait à l'existence, se donner un but, mais un but utile, afin qu'il ne nous réserve pas de désillusion, un but au-dessus des vicissitudes humaines.

Combien d'exemples de ce genre fourmillent à nos côtés! que de modèles je puis prendre sur nature autour de moi et partout! que d'hommes jouissant de grands revenus, ayant de hautes réputations, déjà accablés par l'âge, ou, au contraire, en pleine maturité, l'on voit travaillant du matin au soir, et souvent du soir au matin, non pour augmenter leur fortune ou leur gloire, mais pour continuer une vie active, une vie utile, pour ne pas se laisser envahir par une béatitude égoïste!

Le savant, qui cherche sans cesse et prend plaisir à nous faire part de ses trouvailles; l'éminent artiste, qui se fait professeur et s'astreint à la tâche, si aride quand elle n'est pas récompensée de succès, si douce quand il atteint le but de nous inculquer sa méthode; le grand praticien de la faculté de médecine, qui se soumet jusqu'à la dernière minute de sa vie à monter des escaliers, à sacrifier son repos de nuit pour visiter ses malades; le magistrat, aux fonctions si ardues, si peu rétribuées, mais si honorables; tous travaillent sans en avoir besoin pour vivre, mais pour avoir une carrière, pour ne pas rester des êtres inutiles et oiseux.

Chaque animal joue un rôle utile dans la nature; chaque créature, chaque objet a sa raison d'être, et l'homme n'en aurait pas? il pourrait vivre inutile? Alors il deviendrait une charge à l'humanité qui l'a admis pour un de ses membres.

Il y a bien ci et là de ces existences oisives, manquées pourrait-on dire, dont la principale préoccupation est de fumer, en arpentant l'asphalte, de monter à cheval au Bois, de promener leur ennui autour des tables de jeu. Mais elles durent rarement longtemps; les personnes qui les mènent s'étiolent bientôt, s'usent et meurent jeunes... ou se modifient. Encore sont-elles bien moins nombreuses qu'on ne le croit. Qu'on observe et qu'on les compte!

La femme, la femme chrétienne, a aussi sa tâche à remplir; et ce n'est pas celle de ne songer qu'à sa beauté ou à des friandises, comme l'habitante des harems. Sa tâche tout indiquée est d'être épouse et mère, en remplissant ces fonctions dans tous leurs détails. Épouse, elle soigne l'intérieur de sa maison, elle veille aux intérêts de son mari, elle le supplée au besoin, elle le soigne dans ses maladies : riche, elle empêche les dilapidations, elle reçoit ses convives; pauvre, elle l'aide de ses économies, elle travaille.

Mère, elle élève ses enfants et travaille pour eux. Elle a là un but tout indiqué bien suffisant à remplir sa vie.

La jeune fille riche doit aussi donner des buts utiles à sa vie : le bal, la toilette, sont des distractions futiles, des accessoires qu'elle prend en leur temps pour se récréer, mais elle n'en fait pas la principale préoccupation de son existence sous peine d'arriver bientôt à la désillusion.

Elle s'occupe de bonnes œuvres, non par des quêtes et des souscriptions, mais de ses propres deniers. Une personne peu favorisée de la fortune est louable de solliciter la bourse de plus riches qu'elle; mais celle qui en a les moyens doit faire par elle-même, et, soit dit en passant, il faut éviter de demander des aumônes à ceux que l'on pense moins riches que soi.

Les jeunes filles ont de quoi occuper leurs journées utilement à orner leur esprit, à apprendre la science de la maîtresse de maison et de la mère de famille, à semer autant de bien autour d'elles qu'il est en leur pouvoir; mais au-dessus doit planer un but spécial, une étude approfondie qui puisse avoir son utilité plus tard.

La jeune fille pauvre a encore bien davantage un but à poursuivre qui doit lui procurer l'indépendance; la femme qui se trouve seule et isolée dans la vie trouve dans une occupation utile de quoi échapper à la solitude, à l'isolement.

Le travail, l'occupation, sont le lot de tout être intelligent. Que ce soit par suite d'un but tout indiqué par les circonstances de la vie, que ce soit par suite d'une recherche à dessein, l'important est de s'occuper, l'important est d'utiliser les facultés dont la Providence nous a douées, soit à l'intérieur de notre famille, soit auprès de notre prochain, selon la destinée qui nous est échue.

L'INDULGENCE

L'INDULGENCE tient de près à la charité, et c'est la vertu qui manque le plus à notre siècle, ai-je lu dernièrement quelque part, non sans vérité. Cela provient du sentiment d'égoïsme qui domine dans l'éducation des enfants. En n'apprenant à penser qu'à soi, on s'irrite d'en voir d'autres à la place que l'on voudrait occuper, et l'on cherche à découvrir leurs défauts, afin de pouvoir prouver qu'ils n'y avaient aucun droit et que nous avons été lésés.

On est dur pour autrui d'autant qu'on est plus indulgent pour soi, ou l'on est encore d'autant plus sévère pour lui qu'on l'est aussi pour soi, par suite des souffrances que l'on s'impose ou de la capacité que l'on se sent.

On est souvent porté aussi à être d'autant moins

indulgent qu'on se fait une plus haute idée du mérite des personnes dans lesquelles on découvre à blâmer, d'où vient que la critique s'attache surtout à celles qui sont en vue, qui ont de la réputation, et que la foule a le droit de croire parfaites. *Noblesse oblige*, la noblesse d'intelligence aussi bien que celle du sang. Il semble que nous ayons le droit d'attendre davantage de ceux qui ont su se faire une réputation. Ceci est peut-être un aphorisme faux, induisant en erreur le vulgaire, qui se figure qu'un homme mis dans une haute situation par un grand mérite quelconque doit tout savoir, être capable de tout, être au-dessus de toutes les faiblesses.

« Comment! ce grand musicien, par exemple, qui jette sur le papier des compositions si sublimes, qui a la suprématie sur tous ses contemporains, ignore telle science ou tel art? J'en sais plus que lui sur tel sujet! »

Et aussitôt l'homme illustre descend d'un nombre de degrés considérable dans l'esprit de celui dont il se trouve l'inférieur à un point de vue quelconque. Il est donc condamné, pour conserver une certaine influence, à être en quelque sorte universel et infaillible, tout au moins en apparence. De plus, la modestie est presque interdite, parce qu'on n'y croit pas.

Au nombre des causes qui portent à manquer

d'indulgence il faut encore compter la partialité. A-t-on un motif de rancune ou de jalousie contre quelqu'un, on passe au crible ses moindres actions, on y découvre bientôt la petite bête.

Nous sommes tous sujets à critique, et il vaut mieux chercher dans un livre, dans un tableau, dans une œuvre quelconque, de même dans un caractère, une figure, un esprit, la bonne qualité qui s'y trouve et qui peut nous servir d'exemple, que le point vulnérable, le défaut de la cuirasse, tendant à nous désillusionner, à rabaisser à nos yeux la nature humaine, à nous démoraliser, d'autant plus que nous pouvons espérer de cette façon que nous obtiendrons pour nous-mêmes la réciprocité. Avant de se livrer à une critique publique, si vraie qu'elle soit, il est bon de réfléchir un peu et de pencher du côté de l'indulgence.

Il y a des personnes qui trouvent à redire à tout le monde; bien sûr, chacun a ses défauts; qui est parfait? et comment peuvent-elles espérer trouver la perfection? A quoi bon tomber sans cesse sur les défauts et étouffer dessous les qualités, les mérites, qui coûtent tant de peine à obtenir?

L'AMOUR DU MÉTIER

Il ne faut pas confondre la résignation avec l'inertie, et je n'admets pas que l'on se résigne aux maux que l'on peut empêcher; sans se révolter contre sa destinée, on doit s'efforcer de réagir contre elle dans la mesure du possible et selon ses moyens. La résignation pure et simple est sublime quand elle se produit après des maux sans remède; mais, par exemple, pour se trouver heureux dans la vie ordinaire, il faut mieux que de la résignation, il faut l'*amour de son métier;* c'est même à cet amour du métier que l'on doit de réussir la plupart du temps : car c'est lui qui nous soutient contre le découragement, qui nous donne la force de supporter les ennuis, les luttes, les travaux.

L'amour du métier se retrouve à tous les échelons de la société, et l'homme d'État, le fonctionnaire le plus haut placé, comme le simple ouvrier, doivent le posséder, sous peine de traîner une existence misérable. On découvre que c'est une grâce d'état que la Providence accorde, quand on se donne la peine d'examiner le travail de chacun.

Observez ce magistrat, qui, chaque jour, entend se dérouler devant lui des discussions sur des sujets arides, qui doit y prendre part, s'imprégner des droits de chacun pour pouvoir juger avec impartialité, et, cela se renouvelant chaque jour de la vie, comment fait-il pour y porter un intérêt chaque fois renouvelé et toujours aussi intense? Évidemment c'est parce qu'il aime son métier.

Il n'y a pas une profession qui exige plus de patience et plus de dévouement, qui récolte plus d'indifférence et plus d'ingratitude que celle de professeur. Elle est aussi très peu lucrative.

Je connais une jeune personne, aussi distinguée par son esprit que gracieuse de sa personne, qui s'est consacrée à l'éducation des enfants pauvres. Eh bien! ce qui est une tâche, dure peut-être et ennuyeuse pour les autres, est devenu une occupation attrayante pour elle parce qu'elle la remplit avec amour.

On voit des employés comptables, vieillis derrière leurs grands-livres, qui mourraient si on les privait de chiffrer pour les promener au grand air.

Celui qui fait un travail quelconque par résignation l'accomplit sans goût, il s'en débarrasse au plus vite. Une couturière, une modiste, de même les artistes, comme tous ceux qui créent, s'attachent à leur art, à leur œuvre; ils ne travaillent pas uniquement pour l'argent, mais pour satisfaire leur adresse, leur talent ; la satisfaction procurée par l'amour-propre bien légitime de celui qui fait bien est plus grande que celle de l'argent que cela lui rapporte.

Le commerçant ou le professionnel quelconque qui a hâte de faire sa fortune pour se retirer de la partie où il la gagne, qui ne continue qu'avec résignation, mène une existence malheureuse et est bien à plaindre.

Aimer notre métier, quel qu'il soit, porter un intérêt sincère à nos travaux, voilà qui nous donnera la résignation à une existence qui n'est jamais agréable si nous ne l'aimons pas ; voilà qui nous rendra forts contre les ennuis dont elle n'est jamais dépourvue et nous procurera l'énergie qui permet de gravir les côtes. Il faut savoir trouver dans toute chose son bon côté et en tirer profit. C'est précisément cette absence d'attrait qui procure le spleen, la maladie anglaise, qui n'est autre chose que le découragement, le dégoût même de la plénitude des jouissances, parce qu'il y manque l'attrait.

Dans les hautes sphères, le *métier* n'est pas plus agréable à remplir si on le fait avec dégoût. La vie est triste pour celui qui ne sait pas y trouver de l'attrait, en mettre dans les circonstances les plus amères comme dans les plus indifférentes, afin de les rendre plus attrayantes. L'homme d'État doit aimer la représentation, ou les cérémonies officielles seront son cauchemar; de même la simple ménagère aimera à épousseter, ou elle se trouvera fort à plaindre de faire son ménage; et c'est là le secret de bien des résignations à la destinée, non une résignation passive et douloureuse, mais un accommodement plein de charmes.

LE ROMAN ET LA RÉALITÉ

Parmi les jeunes filles qui quittent le toit paternel pour aller s'abriter sous celui d'un mari, combien peu trouvent dans leur nouvelle existence ce qu'elles avaient rêvé d'y trouver! De là tant de mauvais ménages, tant d'existences troublées et malheureuses. Cependant il serait facile d'éviter ces déceptions, si la vérité avait été dite à la jeune fille, au lieu de lui monter l'imagination de sornettes.

La femme a toujours le cœur plein de dévouement et d'affection; malheureusement l'éducation, par l'entremise des parents, s'efforce de détruire ces bons sentiments pour les remplacer par l'égoïsme.

On dit et l'on répète sur tous les tons : « C'est une stupidité, par le temps qui court, d'avoir du cœur! Heureux les gens qui n'en ont pas! » Et bien des mères ne pensent pas mal faire en recommandant à leurs filles de ne pas se sacrifier pour leurs maris. Que de fois entend-on des phrases du genre de celles-ci dites soit par la mère, soit par des parentes plus âgées, soit par des amies :

« Surtout mets ton mari au pas dès le commencement... ne cède pas, c'est à lui à changer ses habitudes... Prends garde de te laisser berner, de lui laisser prendre le dessus, etc. »

Dans le choix du mari on n'apporte aucun scrupule, c'est tout au plus si l'on prend quelques renseignements sur son honorabilité. Quant à son caractère et à ses goûts, on ne s'en inquiète pas beaucoup. Cependant combien est-il rare que l'on puisse dans la vie vivre avec quelqu'un, en relations d'amitié ou d'affaires, plusieurs années sans se brouiller! Très fréquemment ne voit-on pas des associés dans une maison de commerce se séparer ennemis à mort, des amis ayant vécu dans la plus grande intimité devenir antipathiques les uns pour les autres; même en famille, les enfants ont souvent toute la peine du monde à supporter la vie commune avec leurs parents, les enfants même les mieux élevés, et cependant ils ont grandi dans les habitudes, dans les idées des parents, et l'on veut, en s'alliant à un caractère inconnu, sympathiser immédiatement? Les physiologistes mettent en avant le motif psychologique pour qu'une entente ait lieu. Ce motif existe quelquefois, et pendant quelque temps; mais, s'il existait au point qu'on l'avance, comment y aurait-il autant de mauvais ménages?

De toute façon, il faut, la plupart du temps, qu'un des deux se sacrifie à l'autre, se plie; et l'homme, qui est le plus fort de par la loi, l'âge, les connaissances, est rarement disposé à plier. C'est donc la femme qui doit céder. Un bon mari fera bien des concessions, un mauvais croira tout de même en faire: car chacun estime toujours beaucoup plus ce qu'il fait que ce que font les autres. Ensuite, chacun a son lot, a sa destinée à remplir. Le lot de l'homme est de s'occuper de l'extérieur, et depuis le commencement du monde le lot de la femme a été celui de l'abnégation. En voulant mettre les femmes à même de se révolter contre le joug marital, on ne fait que les rendre plus malheureuses, ou les entraîner dans le désordre; et de l'indépendance d'idées dans laquelle on élève les jeunes filles de notre temps vient certainement le grand nombre de mauvais ménages et de séparations que l'on voit. Dans les autres pays, aussi bien du Nord que du Midi, la femme est beaucoup plus dans la dépendance de l'homme qu'en France; en Espagne et dans les pays méridionaux, la femme est très aimée, mais tout à fait soumise, peu instruite, peu considérée, ce qui ne l'empêche pas de gouverner dans le ménage. Dans les pays du Nord, comme l'Allemagne, la Suède, l'Angleterre, la femme est instruite, et pour cela regardée par le mari comme une compagne, mais une compagne créée pour l'adorer, le vénérer, lui obéir. La femme allemande ne voit rien au-dessus de son mari, fût-ce le plus affreux sacripant.

Enseigner la révolte n'est nullement procurer la tranquillité et le bonheur. Avez-vous jamais vu heureux les gens révoltés contre leurs positions quelles qu'elles soient? Se dévouer par affection, et même uniquement par charité, donne certainement le véritable bonheur, le seul que l'on puisse espérer, et que toutes les victoires du monde sont incapables de procurer.

Je tiens là à mes jeunes lectrices qui vont se marier un langage bien différent de celui qu'elles entendent ordinairement; je leur répète : « Ne vous imaginez pas que le mariage vous donnera plus d'indépendance, plus d'autorité que vous n'en avez chez vos parents; seulement le genre de sentiment n'est plus le même, et le joug semble plus léger à porter ; la femme n'est pas destinée à être indépendante, n'en déplaise aux femmes qui veulent relever le drapeau de l'indépendance féminine : quelle est la nation où elle est indépendante ? En Amérique, il y a quelques exceptions, qui sont, comme celles de France, le point de mire du ridicule.

Se marier dans l'esprit que la plupart des jeunes filles apportent dans le mariage ne rapportera sûrement que de grands désappointements. Dans les *Nouvelles* sentimentales et morales que l'on donne à lire aux jeunes filles, le fiancé est toujours un héros ; dans la vie réelle on doit s'estimer heureuse de trouver tout bonnement un brave homme, qui ne vivra pas la tête dans les nuages, aura ses petits ridicules, ne sera pas exempt de manies, exigera une table soignée, une ménagère intelligente et tendre, s'occupant de lui plus que d'elle, lui sacrifiant même ses enfants, et, cela va sans dire, ses opinions, ses goûts, ses idées, si elles ne se rencontrent pas être les siennes, ou si la femme ne sait pas les faire partager insensiblement, sans faire acte d'autorité. Quand on veut vivre avec un individu qui n'était, après tout, qu'un étranger, un inconnu, avant le mariage, individu qui n'est plus un enfant, il ne faut pas espérer le faire plier ; il faut étudier son caractère et tâcher de s'en arranger.

Que de fois ai-je vu des jeunes filles et des

hommes s'épouser en ayant des idées tout à fait opposées, se les cachant soigneusement en se disant : « Bah! une fois mariés, je le transformerai! » ou bien : « Je la transformerai! » Aucun ne doute de son pouvoir. Chacun s'obstine de son côté, et on s'aperçoit bientôt qu'il n'y a rien à espérer, qu'il faut renoncer à ses beaux projets, ou lutter pour arriver aux pires résultats.

Que de ménages ne seraient pas rompus si la femme cédait, faisait quelques concessions sur les projets formés par elle étant jeune fille, si elle consentait à se dévouer un peu, à prouver de la tendresse et de l'affection, au lieu d'exiger son contentement personnel, si elle écoutait surtout moins son entourage qui pique son amour-propre, lequel l'empêche de céder. En ménage, il faut mettre tout amour-propre de côté, et à côté du dévouement avoir beaucoup de patience. L'indissolubilité du mariage (le divorce n'étant pas reconnu par grand nombre et n'existant, d'ailleurs, que dans des circonstances très spéciales) est la meilleure chance qu'une femme puisse avoir ; elle lui donne du temps, et avec du temps, si elle a de la patience, tout change et tout vient à point. Le nuage fond ou s'éloigne.

La femme sèche, égoïste et absolue, qui ne voit dans le mariage que la facilité de faire ce qu'il lui plaît, d'avoir un adorateur fervent, aux petits soins, et de dominer tout dans la maison, est certaine d'avoir un intérieur terrible.

Les hommes deviennent de plus en plus difficiles; beaucoup aiment, maintenant, les femmes intelligentes (ni savantes ni masculines); les jeunes filles doivent donc éviter de rester sottes, gauches, ridicules.

La femme indulgente et dévouée, ayant les idées assez larges pour ne pas se rendre esclave de petitesses, s'intéressant aux choses intellectuelles, possédant du bon sens et du jugement, est sûre d'acquérir et de conserver une certaine prépondérance sur l'esprit de son mari.

ÉTUDES ET CARACTÈRES

L'INCOHÉRENCE

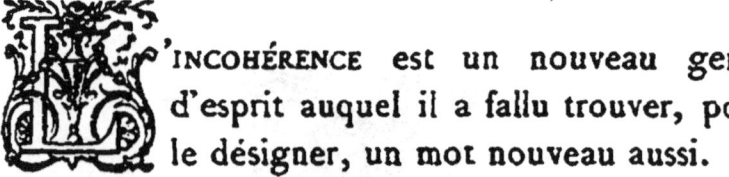'INCOHÉRENCE est un nouveau genre d'esprit auquel il a fallu trouver, pour le désigner, un mot nouveau aussi.

Ce n'est pas qu'il soit né d'aujourd'hui, mais il est cependant contemporain de la seconde moitié de ce siècle ; il lui est arrivé au moment où le siècle entrait dans la dernière période de sa maturité, à l'époque où sa vieillesse approchait. Était-il nécessaire à réveiller ses sens blasés et séniles plus accessibles au calme de l'esprit sérieux ?

On a d'abord cru à de l'esprit chez les personnes incohérentes, à qui l'on n'avait pas encore donné ce nom ; mais on se demandait avec inquiétude : « Est-ce bien là de l'esprit ? » Évidemment les incohérents ne sont pas des idiots; ce ne sont pas non plus des gens sensés ni savants; mais ils se rapprochent plus de la folie que de l'idiotisme.

Voici un exemple de la conversation avec un incohérent : Vous lui dites, je suppose : « Elle veut que vous lui fassiez des excuses. — C'est cela, répond-il, je vais mettre un sac de cendre sur ma tête, prendre un cierge à la main, et, les pieds nus dans des sandales, j'irai lui faire amende honorable. » Ça fait rire, mais est-ce bien de l'esprit ?

La vraie incohérente dans l'acception du mot, — j'étudie sur le vif, — est très intelligente, apprend tout ce qu'elle veut, est fort savante et d'une nature tout à fait artiste; sa conversation pétille de reparties drôles; elle amuse, on l'entoure beaucoup, mais on ne la comprend pas toujours; on se demande si elle est vicieuse ou naïve; on n'ose avoir confiance en elle. Elle se marie, mais elle n'est point faite pour la famille; tout en attirant autour d'elle, comme on ne peut jamais la prendre au sérieux, elle éprouve beaucoup de déceptions ; celle qui me sert de type est morte *folle* à trente-six ans !

Beaucoup de ces incohérents que l'on appelle esprits boulevardiers deviennent fous; pour les autres, un de nos médecins aliénistes a trouvé le mot composé : *demi-fous*. On dit d'eux cependant : « Ce sont de riches organisations. »

Pour avoir le droit de faire partie de cette nouvelle catégorie, il faut absolument être soi-même, primesautier, et rire de la vie pour n'en pas pleurer. Il paraît que ce sera l'esprit de l'avenir, comme la musique de Wagner, et comme l'art du trapèze pratiqué par les *gentlemen*.

L'incohérence n'est guère praticable qu'à Paris ; elle est de provenance étrangère et a été importée par les Américains et les Anglais, quoiqu'ils ne soient pas tous incohérents. Ce genre d'esprit consiste à faire, à dire toute espèce de choses qui n'aient aucune cohérence, aucune raison d'être. Le mot dit la chose ! Ainsi, le voyou dans la rue qui crie : « Et ta sœur ! » sans qu'on puisse trouver le rapport qu'il peut y avoir avec « ta sœur » et le vieux passant tranquille et modeste auquel l'interpellation est destinée, incohérence ; le veston rouge sur une robe rose, incohérence ; les mots vulgaires dans une jolie bouche, incohérence. Le berceau de l'incohérence a été l'opérette innovée par Offenbach, et si je ne me trompe : *Orphée aux Enfers*, où l'on a vu pour la première fois la mythologie caricaturée ; *la Belle Hélène,* avec son mélange historique et moderne ; *la Grande Duchesse de Gérolstein,* où les insanités les plus incompatibles se coudoient, sont filles de l'incohérence.

Le *Monologue* est aussi un effet de l'incohérence : car le monologue est d'autant plus amusant qu'il renferme plus de quiproquos, de coq-à-l'âne, de contrastes, d'absurdités.

L'incohérence n'exclut pas le talent, on peut dire que c'est une aberration du talent ; c'est en quelque sorte le genre comique, qui peut rendre célèbres des acteurs comme Coquelin, Daubray, Mme Desclauzas, mais qui ne peut en aucune façon contribuer à attacher à une femme pour en faire la mère de ses enfants.

Ce qui est le plus à déplorer, et ce qui a fait le succès de l'incohérence, c'est qu'elle amuse et fait rire ; et l'ennui étant le mal que l'on craint le plus au monde, cette tournure drôlatique a été prise et recherchée, comme on applaudit le clown au cirque.

Mais aussi le succès qu'obtiennent les personnes qui s'y livrent est celui du clown, elles sont regardées comme des bouffons, comme des singes.

Le résultat n'en est pas moins néfaste, car, s'habituant au piment, on ne goûte plus le mets suave ou modéré ; il faut toujours maintenant de l'excitant, du plus excitant encore, jusqu'au jour où, mis hors d'état, on succombera sous le falot de la démence qui embrasera.

Le clown, le bouffon, sera obligé d'augmenter d'intensité ses drôleries jusqu'à ce qu'il tombe épuisé.

Peut-être reviendra-t-on alors au bon sens, à

l'esprit fin et délicat, à l'esprit provenant de l'instruction et conduisant à l'élévation des idées, au développement des facultés intellectuelles, au lieu de contribuer à les abrutir.

LES INDISCRETS

L'INDISCRÉTION n'est pas, à proprement parler, considérée comme un grand défaut, même comme un défaut sérieux; elle provient non de méchanceté, de mauvais cœur, mais de simple légèreté d'esprit, d'égoïsme, de manque d'éducation et d'usage.

L'*indiscrétion par légèreté* consiste surtout à parler à tort et à travers, à divulguer, *sans y penser*, les secrets de ses amis, à laisser aller sa langue et sa pensée sans contrainte.

La personne *indiscrète par égoïsme* est celle qui abuse des âmes faibles, des cœurs bons, sensibles, des natures polies, aimables, qui ne savent pas refuser. Ces indiscrets ne voient que le but qu'ils souhaitent; peu leur importe sur quoi ils doivent marcher pour satisfaire leur désir, leur ambition, pour arriver à ce qu'ils veulent, à ce qui leur fera plaisir ou leur sera utile. Ils profitent de tous les dévouements, ils exigent toutes les complaisances, ils se croient des droits sur tout et à tout. S'ils voient chez vous un joli objet, ils expriment de telle façon leur admiration que vous vous trouverez dans votre tort, vous serez impoli de ne pas le leur offrir ; s'ils savent que vous avez obtenu une faveur, ils trouvent que vous devez la leur obtenir aussi ; ils ne nous fréquentent que lorsqu'ils ont quelque chose à nous demander ou pour voir s'ils ne pourront obtenir quelques bribes ; vous n'osez les utiliser à rien par crainte de leur indiscrétion. C'est une sorte à fuir comme la peste, car elle cause, à l'occasion, les désagréments, les ennuis, pis même, les catastrophes de famille les plus graves.

Indiscrétion par égoïsme encore : prendre à son service la domestique d'une amie, demander l'adresse d'un fournisseur qu'on ne paraît pas empressé à vous donner, imposer sa visite à des jours et à des heures que l'on sait déranger, prolonger sa visite indéfiniment quand un autre visiteur ou visiteuse est arrivé et lorsque l'on comprend être de trop ; imposer sa société pour une promenade sans y être invité, emprunter des objets quand on sent que cela gênera.

Naturellement, il faut excepter les cas d'intimité

basée sur une affection sincère ; encore, même avec les amis les plus intimes, doit-on observer une circonspection qui est de la délicatesse. On doit attendre de voir que l'on fait plaisir par sa présence ; les indiscrets se rendent parfaitement compte que leur présence est inopportune ; mais, comme ça leur convient, ils ne craignent pas de devenir *crampons*. Et ce qu'il y a à remarquer, c'est que ces gens qui savent si bien se *coller* quand ils y trouvent leur intérêt, que l'on ne peut parvenir à secouer de ses épaules, sont les plus grands *lâcheurs* du monde quand on aurait besoin d'eux. Ils savent par-dessus tout se débarrasser de leurs amis avec une désinvolture inénarrable ; aussi les rieurs sont-ils de leur côté, car leurs dupes le sont bien par leur faute.

Méfions-nous donc beaucoup de ces indiscrets, et rejetons-les impitoyablement de notre seuil.

L'indiscret par curiosité n'est pas malfaisant par lui-même, mais il est désagréable ; s'il est bavard, et il l'est le plus souvent, il devient dangereux ; en tout cas, il manque d'usage. Je veux parler de ces personnes dont les conversations font de véritables juges d'instruction.

Il y a encore une indiscrétion qui provient du manque d'usage : c'est celle qui consiste à faire des questions aux domestiques, employés, gens d'une maison.

« Mme une telle reçoit-elle beaucoup? — Va-t-elle à la campagne? — Depuis combien de temps demeure-t-elle là? — A-t-elle plusieurs domestiques? — Est-elle riche? — Qu'est-ce qui s'occupe de telle chose chez elle? — Sort-elle beaucoup? — Qu'est-ce qu'il y a derrière cette porte? Etc. » On ne s'imagine pas les questions saugrenues que certaines personnes s'amusent à faire. Elles s'exposent ou à recevoir un affront ou à obtenir des renseignements erronés.

La discrétion est une des plus grandes qualités des gens du monde; cependant il faut se garder de lui donner les allures de la dissimulation. Vous pouvez raconter ce que vous avez fait, mais vous devez vous abstenir au sujet de ce qu'ont pu faire d'autres personnes devant vous. Une personne prudente et voulant éviter d'être cause de malheurs ne dira jamais qu'elle a rencontré telle ou telle autre personne dans tel endroit; il résulte parfois d'une indiscrétion bien innocente des désastres irréparables.

Un caractère franc, loyal, naïf, ne comprend pas ces restrictions. Je l'admets plus que personne, parce que je suis du nombre; mais je suis bien forcée, par les tristes exemples que je vois autour de moi, de convenir qu'on ne saurait se montrer assez circonspect dans ses paroles.

Comme notre pauvre nature humaine tombe

toujours dans les extrêmes, on voit deux sortes de gens : ceux qui en disent toujours trop, ceux qui se renferment dans un mutisme blessant. Pour un caractère franc, il y a quelque chose d'affreusement froissant dans les restrictions, aussi bien celles qu'on fait à son égard que celles qui se font à l'égard d'autrui. C'est manque de confiance de toute façon. Ainsi de ne pas oser dire qu'on a rencontré Mme C... à tel endroit : c'est donc qu'on la suppose capable de faire quelque chose qui ne doit pas être su. Ne pas lui confier qu'on a été là ou toute autre chose, c'est la croire capable de ne pas garder un secret.

LES DÉBROUILLARDS

DÉBROUILLARD est un nouveau mot, de ceux qui ne figurent pas encore au dictionnaire, mais qui y arrivera en même temps que ce qu'il signifie sera mieux apprécié ; ce n'est pas qu'il soit élégant, mais il exprime bien ce qu'il veut dire, et, il ne faut pas se le dissimuler, l'avenir est à lui ! Être débrouillard, c'est ce qui est le plus recherché, ce qui est le plus utile ; c'est la qualité qui rend la Parisienne si charmante, et, quand je dis la Parisienne, j'entends celle qui a droit à ce titre par ses qualités de débrouillarde. Il n'y a pas à sortir de ce dilemme, il y a des provinciales qui sont Parisiennes, tout simplement parce qu'elles sont débrouillardes, et il y a des habitantes de Paris qui sont plus provinciales que celles qui habitent la province. Mais, il faut bien l'avouer, cette qualité est essentiellement parisienne, parce que cette ville la donne presque instinctivement. Ici, il faut absolument « savoir se retourner » et compter sur soi ; faire au besoin le coup de coude sur le boulevard, si l'on ne veut pas être écrasée.

Être débrouillarde, c'est n'être jamais embarrassée et de très peu savoir faire beaucoup. Vous n'avez qu'une robe déchirée et défraîchie : en un clin d'œil, à l'aide d'un nœud par-ci, d'un retroussis par-là, vous établissez un costume dix fois plus charmant que le plus régulier sortant de chez la couturière ; il ne reste que les dessertes du dîner de la veille, un convive survient, et vous trouvez le moyen de créer, en un rien de temps, un repas succulent et alléchant.

Les personnes qui ne possèdent pas la qualité susdite restent embarrassées pour la moindre chose : si elles n'ont pas de rôt, elles ne sauront pas le remplacer par une histoire, et, s'il leur manque une virgule, elles ne peuvent la sauter. Elles se figurent que, pour tailler une robe, il faut avoir fait un apprentissage de trois ans, et qu'une cuisinière seule est capable de faire la cuisine, un coiffeur de coiffer. Leur existence est triste, languissante, car tout leur manque, et elles sont toujours dans l'attente d'autrui; mais ceux qui sont plus malheureux qu'elles encore, ce sont leurs maris et les personnes qui les entourent. Ce qui manque à nos voisins les Allemands dont nous attaquons à tort la lourdeur et le manque d'esprit, c'est précisément cette qualité, à laquelle le talent, le savoir, ne peuvent suppléer; c'est elle au contraire qui leur supplée; mais, si elle les accompagne, on peut en attendre de splendides résultats. Les mères ne sauraient trop s'appliquer à l'inculquer à leurs enfants dès le plus bas âge : car c'est, en bon français, l'intelligence développée.

Il y a des natures apathiques qui sont très rebelles; celles-là, il faut les secouer sans répit, les acculer au pied du mur, les stimuler, leur donner l'exemple; telles autres sont, au contraire, essentiellement actives et ingénieuses, et ne demandent qu'à être secondées et dirigées dans la voie du bien pour faire des prodiges.

Il est dit : « On ne peut faire de civet sans lièvre »; la personne débrouillarde ne s'inquiète pas de si peu; c'est même là son triomphe. On ne s'imagine pas de quelle aide dans la vie est cette qualité. De plus en plus elle est recherchée, parce que de plus en plus elle est nécessaire. Il n'y a plus de salut sans elle. Si l'on est obligé de gagner sa vie, elle est indispensable; si l'on n'a pas une fortune immense, vu les prix élevés de la main-d'œuvre et les goûts de luxe, elle supplée aux revenus qui manquent toujours; enfin, si l'on est parmi les élus de la déesse, elle vous sert à conserver la supériorité et à vous faire ressortir parmi vos égaux. Littré nous donne : « *Débrouilleur,* subst. masc. » (il n'admet pas encore le féminin, ce qui est déjà une différence, puisque la qualité dont je parle est au moins autant la propriété des femmes !) et il cite ces vers de Scarron :

> Grand *débrouilleur* d'un cas obscur,
> Et grand devineur du futur.

et la phrase de Chateaubriand dans les *Stuarts* : « Les événements, ces grands *débrouilleurs* de la politique. »

Quand un nouveau dictionnaire voudra expliquer le mot moderne, il dira : « *Débrouillard, e,* subst., masc. et fém., résumant l'adresse des doigts, la présence d'esprit, l'habileté et l'intelligence, la facilité à se tirer d'affaire en tout, et à n'être jamais embarrassé de rien. »

LES EXPLOITEURS
ET
LES EXPLOITÉS

Voilà de bien grands mots qui signifient de bien grandes choses, et cependant je n'ai pas l'intention de parler de cette bande nombreuse qui peuple le monde et qui est vous et moi, sans exception.

L'humanité entière peut se diviser en deux camps : celui des exploiteurs, celui des exploités ; dans les circonstances les plus importantes de la vie comme dans les plus petites, vous voyez toujours les uns qui dominent les autres, les uns qui profitent des autres. Ici, c'est l'entrepreneuse qui fait travailler à la tâche ses ouvrières pour de misérables sommes ; plus loin, c'est l'homme de peu d'imagination qui a pour secrétaire un jeune homme plein de talent qui lui fait ses discours, ses lettres, ses ouvrages ; contre un peu d'argent pour vivre, il vend ce qui est le plus personnel : le talent, l'idée ; il donne à son patron la quintessence de lui-même !

Il n'y a pas un marché plus déplorable que de donner sa pensée, de contribuer à la réputation d'un autre sans qu'il vous en reste rien.

Et ce n'est pas seulement le riche qui exploite le pauvre : que de fois le pauvre exploite le riche aussi, soit en lui empruntant sans vouloir lui rendre, soit par ses importunités et ses demandes, soit par ses exigences, soit par ses mensonges et même par ses flatteries !

Que d'exploiteurs sur grande et sur petite échelle !

En regardant autour de moi je ne vois qu'exploiteurs ou exploités. Forcément on est l'un ou l'autre, et l'un est aussi triste que l'autre pour une âme droite et équitable, qui ne veut pas plus violer les droits de personne que laisser violer les siens.

Non seulement il est presque impossible d'échapper soi-même à la terrible alternative, mais il faut encore être témoin constamment de scènes d'injustice et d'exploitation atroces.

Mais, outre les exploiteurs par intérêt, il y a aussi les exploités du cœur ; dans les affections, dans le monde, on en trouve partout !

Exploitée, cette amie qui s'assied au second rang dans la loge, ou sur la banquette de devant dans la voiture, qui met la robe foncée que lui désigne son amie parce qu'elle sait que ça fera ressortir sa robe blanche.

Exploitée, cette autre complaisante qui joue la

seconde partie dans le morceau à quatre mains, qui accompagne la romance, qui fait danser. Il y a dans toute société un bon cœur, modeste et obligeant, qui est exploité par les égoïstes, les jaloux, les vaniteux.

Exploitée, la vieille mère ou parente à qui l'on persuade que de passer la nuit au bal la guérira de ses rhumatismes; ou, plus déloyalement, celle dont la belle-fille, car je ne puis pas supposer une fille capable de le faire, écrème le lait et profite de sa vue basse pour lui passer les plus mauvais fruits.

Ces exploités-là, il est vrai, le sont souvent en connaissance de cause; ils veulent bien l'être, il leur est doux de l'être, on doit les envier, puisqu'ils sont utiles.

Ce qu'il y a de pénible, c'est que l'exploiteur n'éprouve aucune reconnaissance pour celui qu'il exploite : pour lui, c'est un but, c'est un point d'honneur; il est heureux de faire une dupe, d'attirer dans le piège, et il ne professe pour sa victime aucune espèce de pitié ou d'affection.

Quand il en a obtenu ce qu'il a voulu, il la jette de côté comme une loque; si elle regimbe, oh! il n'admet pas cela, et il lui en garde une rancune implacable!

C'est un triste spectacle, je l'ai dit, quand il est donné par les hommes, et qu'il est question d'intérêts graves et pécuniaires. Quant aux menues exploitations du monde, que j'ai signalées tout à l'heure, elles font sourire, et cependant sont bien réelles, mais elles ont le bon côté de profiter à ceux qui en sont victimes, en les faisant avancer dans la voie de la perfection.

Vaut-il mieux faire partie des exploités? Certes, et dans tous les cas. Mais il faut cependant éviter le rôle de dupe qui n'est pas intéressant; il faut au moins donner à l'exploiteur le mérite de la lutte et l'occasion de déployer tout son talent.

Il y a une limite à tout, même à la charité la plus intense; il y a un moment où c'est un devoir de démasquer ses ennemis et de se retourner contre eux.

Il faut être bon, mais ne pas pousser cette bonté jusqu'à la sottise; il faut être dévoué, mais ne pas arriver jusqu'à l'abnégation, cela finirait par être une négation de facultés.

Notre Créateur divin ne peut avoir eu l'intention que sa créature s'humilie trop profondément envers sa semblable, et c'est un devoir de se maintenir à la place où les facultés que nous avons reçues du Ciel nous posent. Nous le devons comme hommage à Celui qui nous les a octroyées. Aussi une fierté bien entendue, ne ressemblant ni à l'orgueil ni à la vanité, qui nous empêche aussi bien d'exploiter les autres que de nous laisser par trop exploiter nous-mêmes, est le seul moyen d'éviter cette maladie morale et contagieuse.

LES BIZARRERIES

Le respect de la liberté individuelle, voilà ce que la société ne professe pas assez en tant que cette liberté ne porte aucun préjudice à autrui, moralement ou matériellement. Je ne vais pas jusqu'à soutenir qu'il faille laisser les gens se suicider sans les sauver, quoiqu'il puisse paraître singulier à ces âmes démoralisées qu'il ne leur soit même pas permis de mourir; je ne crois pas surtout que l'enfance doive être livrée sans guide à elle-même; il ne peut s'agir de liberté pour ceux qui n'ont pas encore acquis le discernement; et, pour ceux qui l'ont perdu, il n'y a pas à discuter la nécessité du conseil judiciaire, si pénible, cependant, si humiliant, et faut-il ajouter qui peut être si abusif, quand il n'est pas utile à protéger les intérêts des enfants.

Le prodigue, s'il n'est pas marié, gagne vraiment trop à être mis en tutelle et prémuni contre ses propres faiblesses.

Mais je veux parler de ces petites libertés inoffensives, de ces bizarreries dans la manière de vivre ou de penser, qui ne font de tort à personne.

La société s'étonne et se fâche qu'un de ses membres veuille sortir des rangs et faire autrement que les autres moutons de Panurge. Jadis l'usage était qu'il ne devait faire jour, chez une Parisienne élégante, qu'à onze heures du matin, la femme qui avouait se lever à huit heures était, par cet aveu, classée dans une catégorie vulgaire.

Aujourd'hui, le plus grand genre est de monter à cheval à huit heures du matin en été, et il n'y a plus que la bourgeoisie qui aille au Bois à quatre heures.

Si vous osez mettre un chapeau d'une forme que la société n'ait pas décrétée, si vous vous permettez une démarche en dehors des usages, si vous avez du succès par une manière à vous propre, là surtout où d'autres ont échoué, oh ! cela la société ne vous le pardonnera jamais : si vous savez vous passer d'elle, vivre seul et être heureux, vous êtes tancé à l'égal d'un criminel !

On blâme les existences sortant un peu de la ligne routinière en raison opposée, pour ainsi dire, de leur sagesse, parce que la société, qui est l'opinion, juge au point de vue de ses propres intérêts. Ainsi elle accueille et flatte le prodigue qui ne peut se passer d'elle, elle honnit celui qui s'isole et administre sa vie avec une sage économie.

La société regarde comme en démence ou en faute tous ceux qui ne se soumettent pas à ses arrêts.

Quand vous allez chez la princesse de la M...
on vous introduit dans un appartement négligé et
démeublé : vous voyez une table boiteuse recou-
verte d'un vieux châle ; des tentures de papier se
détachent du mur ; un ménage de domestiques ou
subalternes avec enfants grouillent par terre ; un
grand fauteuil en bois de chêne. La princesse entre,
un livre de compte à la main, elle est vêtue d'une
grande robe de laine noire, d'un grand bonnet de
linge, bonnet de nuit ou bonnet de paysanne que
les bandeaux de ses cheveux blancs dépassent à
peine. Cette grande femme à l'aspect étrange
mène évidemment une existence bizarre ; elle vous
regarde sans parler, vous répond par monosyllabes ;
elle a beaucoup vu, sans doute, et surtout beaucoup
souffert. Elle paraît dure parce qu'elle est endurcie
par le monde ; elle sait qu'elle n'a plus rien à
attendre de ce monde : pourquoi irait-elle encore
sacrifier sur ses autels ? Et chacun de la blâmer,
cependant, de la traiter de folle !

Mais laissez donc, vous qui ne savez pas, laissez
faire ; chacun a son motif pour vivre à sa guise. Si
celle-ci préfère la retraite et l'obéissance passive du
couvent au mouvement et à la sujétion du monde,
pourquoi l'en empêcher ? Vous supposez qu'elle le
regrettera plus tard, tant pis pour elle. Si cette autre préfère le travail au plaisir, pourquoi s'en fâcher ?
Le mal seul est à blâmer et blâmable, mais les bi-

zarreries ne sont pas nuisibles. Cette vieille dame aime son chat, est-elle plus ridicule que cette jeune fille qui adore son serin ?

Elle est plus ridicule aux yeux des sots sans cœur, parce qu'elle est vieille et édentée, qu'elle n'a pas la fraîcheur et le gai sourire de sa voisine pour se faire excuser.

D'autant plus que chacun est couché selon le lit qu'il s'est fait lui-même, nous avons moins à trouver à redire à sa manière de le faire, du moment que nous n'avons pas à partager sa couche.

Si les circonstances laissent, comme il arrive la plupart du temps, la vie dans ses conditions ordinaires, tant mieux ; en faisant comme tout le monde, si c'est un signe de médiocrité, si on risque moins de rencontrer la déesse aux yeux bandés, on est aussi plus à l'abri des tempêtes ; mais laissons donc la liberté à ceux qui ont des manies ou des bizarreries. Cela leur fait plaisir, que nous importe à nous qu'ils fassent ceci ou cela, ou qu'ils le fassent de telle façon ? La plupart du temps il y a des motifs que nous ne connaissons pas qui les poussent ou les entraînent ; telle porte une robe rouge parce qu'elle n'en a pas une noire, et préfère se laisser passer pour excentrique que d'avouer sa pénurie ; telle a certains objets peu à leur place dans son salon, parce qu'on les lui a donnés, mais elle ne les achèterait pas ; et, pour en revenir à la vieille princesse de la M... à laquelle on a tant reproché son avarice envers ses petits-enfants et sa vie retirée et parcimonieuse, n'est-ce pas parce qu'elle a déjà tout donné et ne veut pas le dire? et qui a le plus de tort de ceux qui ont commis des inconséquences presque criminelles, ou de celle qui cherche à s'en garer?

Il ne faut pas juger ainsi son prochain sur les apparences, il faut penser que sous bien des bizarreries se trouvent les motifs les plus nobles et les plus héroïques; blâmer est plus aisé que de raisonner. Se moquer est encore plus facile que de blâmer; vouloir obliger les gens à faire à son image ou à son goût, c'est se rendre plus ridicule que ceux que l'on veut corriger.

LES CARACTÈRES INTÉRESSÉS

Il y a un proverbe (que ne trouve-t-on pas dans les proverbes et les sentences, puisqu'ils sont la quintessence du meilleur des esprits philosophes les plus supérieurs?); donc, il y a un proverbe qui dit que « l'anguille glisse des mains de celui qui la serre trop », proverbe signifiant qu'il ne faut pas trop vouloir pressurer les occasions avantageuses que l'on désire conserver. C'est ainsi que bien souvent l'on arrive à un résultat tout opposé à celui que l'on cherche, par suite de l'ardeur exagérée que l'on apporte à pressurer l'occasion.

On est possédé d'une pensée d'intérêt si violente que l'on dépasse le but, et l'on est transporté au delà même de cet intérêt qui nous pousse.

Dans le commerce, ou quand il s'agit de personnes nécessiteuses, l'intérêt est obligatoire, quoiqu'il y ait souvent profit à se montrer ce qu'on appelle, en jargon commercial, « coulant ». On sait que la bouquetière Isabelle, de célèbre mémoire, et qui a amassé une jolie fortune en vendant des bouquets, n'a jamais *fixé* le prix de ses fleurs. Elle a toujours laissé à ses clients la latitude de se montrer généreux. Certes, je ne donnerai pas à tous les commerçants le conseil d'agir de même. S'ils laissaient leurs clients libres de payer ce qu'ils voudraient, parmi les clientes surtout, plus d'une trouverait que rien est encore trop, parce que la pensée de son propre intérêt dominerait ses autres sentiments ; à remarquer que ce ne serait pas la plus pauvre, probablement, mais celle dont les désirs sont les plus lourds à satisfaire, ce qui n'est pas la même chose. Néanmoins, j'estime qu'un fournisseur ou un commerçant fera mieux de fixer un prix pas trop bas, lui permettant de ne pas être « trop regardant »; on lui saura plus de gré de ce qu'on croira avoir au-dessus du marché, que d'un prix réellement désastreux pour lui, ne lui laissant aucune latitude..., sauf celle de la faillite!

Outre l'intérêt commercial dont je n'ai pas à parler ici, il y a l'esprit intéressé qui a pénétré dans toutes les classes de la société, même dans les plus mondaines et les plus aristocratiques; on pourrait dire, sans crainte d'exagération, que l'esprit commercial a envahi toutes les classes aujourd'hui, comme il a envahi les deux sexes et chaque âge.

Rencontrez-vous dans un salon une femme du monde, titrée, jeune, élégante, vous représentant la Poésie descendue de l'Olympe : au bout d'une heure de conversation, vous vous apercevez que la première demi-heure a été consacrée à des futilités banales; mais du moment qu'une idée d'intérêt est venue sur le tapis, le caractère de l'interlocutrice a tout de suite changé; il est devenu sérieux, perspicace, entendu.

Est-ce parce que l'homme perd de ses aptitudes aux affaires que la femme devient si forte maintenant? est-ce parce qu'il ne sait plus lui rendre la vie assez poétique, la tenir assez loin du terre à terre et des luttes pénibles de la vie? C'est l'homme qui pâtira là encore de sa maladresse : il faut bien le dire, si l'homme ne cherche que la dot dans la femme, celle-ci commence à le lui rendre avec passablement d'usure, et elle recherche tout au moins la position. Il n'y a plus beaucoup de jeunes filles, sous la latitude de Paris du moins, et sous celle de bien d'autres villes et de pays, qui cherchent à se faire épouser de jeunes gens pauvres et sans position. Et je crois qu'aujourd'hui ce serait tout à l'envers des romans et des comédies ; on peut sans trop d'efforts d'imagination se représenter le dialogue suivant :

« Ma fille, nous songeons à te marier, ta mère et moi.

— Déjà, papa ! mais je suis encore bien jeune !

— Tu vas sur tes dix-neuf ans.

— Eh bien, papa, j'aimerais autant m'amuser encore quelques années ! Enfin, cependant on peut arranger la chose... Est-ce avec le vicomte de G... que tu songes à me marier ?

— Y penses-tu ? un homme chauve, mon enfant !

— Oh ! papa ! sa couronne de vicomte vaut bien quelques cheveux qui finissent toujours par tomber !

— Elle est logique, cette petite ! nous ne raisonnions pas ainsi, quand nous étions jeunes, avec ta mère ; nous ne songions pas que l'on finit toujours par vieillir!... Tu n'as pas tort... mais j'aurais cru faire de toi une victime que de te choisir un mari chauve, décrépit... Nous avions pensé, ta mère et moi, que ce jeune homme d'en face qui regarde toujours tes fenêtres, et a des cheveux bruns bouclés, pourrait bien t'avoir plu... Il nous semblait que tu le regardais aussi?

— Oh! papa, pauvre papa!... je le regardais pour m'amuser! Il joue si bien l'amoureux!... C'était pour essayer mon pouvoir..., mais l'épouser! jamais de la vie! Note bien ceci, papa : je veux d'abord que celui que j'épouserai me donne un hôtel, une voiture, des chevaux, des diamants, des robes, une loge à l'Opéra et des armoiries; après cela je passerai sur tout le reste!

— Oh!... fait le père scandalisé. C'est qu'un homme riche n'est pas toujours facile à trouver... et puis avec ta dot, tu n'as pas besoin de chercher la fortune... Que diront tes bonnes amies de te voir épouser un homme laid, vieux, malade?

— C'est vrai, papa; tu n'as pas tort... Puisque j'ai une si grosse dot, je peux me payer un mari jeune et beau pour faire rager mes amies pauvres... Je réfléchis... le petit baron de G..., qu'en penses-tu? On pourrait restaurer son château, acheter quelques terres à l'entour; il n'est pas trop bête, nous en ferions un député... ou un attaché d'ambassade, quelque chose, enfin!

— Le petit baron de G...! fait le père atterré ; cet affreux bellâtre qui causait hier au cirque avec toutes les artistes, qui passe ses nuits au cercle?

— Oh! ce n'est pas que je tienne à lui plus qu'à un autre, papa! c'est la position que je désire, voilà tout! Cherches-en un dans ce genre, mais ne me parle pas de ce pauvre garçon d'en face, qui n'a pas de nom ni de famille. Je ne suis pas romanesque, moi! J'ai bien trop lu de romans pour cela! »

Ce ne sont plus les parents qui font la morale aux filles, ce sont elles qui ont de la *raison!*

Les gens du monde les mieux posés, je ne dis pas les plus riches, parce que les fortunes sont si mouvantes qu'on n'ose plus affirmer si un tel, riche hier, l'est encore aujourd'hui, ne considèrent plus que le trafic dans tout. Achats de curiosités, galeries de tableaux, courses de chevaux, tout est motif à spéculation ; et j'ai vu une jeune femme vanter avec enthousiasme tel ou tel vin, afin de se faire remettre une commande. Elle m'assurait que ses visites n'ont pas le but frivole qu'on leur croit. C'est un travail, elle est placière en vins. Non, la femme n'est plus frivole, et dans ses plaisirs mondains elle ne voit de but que le rapport.

Il s'ensuit de là des relations très singulières. Je connais des femmes qui ne font que des visites intéressées. Toujours fort occupées, et très sérieusement, vous pouvez l'imaginer, mais sans que le commun des mortels sache au fond bien de quoi, elles ne voient guère que celles de leurs amies qui peuvent leur être utiles. Elles viendront vous voir quatre ou cinq fois de suite, vous accablant de démonstrations, pour savoir ce qu'elles peuvent tirer de vous. Si elles voient que vous ne leur êtes bonne à rien, elles vous laissent, car ce serait du temps perdu, pour aller chercher ailleurs; ou encore quand elles ont obtenu ce qu'elles désirent, elles s'éclipsent, et vous ne les revoyez que lorsque l'intérêt les ramène, sans aucune honte. Mon Dieu, je ne les blâme pas. Chacun est bien libre de chercher son intérêt en ce monde où personne n'en prendrait le soin pour vous. C'est seulement un fait que je constate.

C'est la vie de Paris! chacun pour soi : l'égoïsme, l'intérêt, mal entendu souvent, l'âpreté au gain, même chez les mieux posées. Ah! si les écrivains parisiens esquissent souvent la vie de province avec ses petitesses et ses ridicules, où la provinciale est bafouée, pourquoi une provinciale ne rendrait-elle pas la pareille à la Parisienne, et n'esquisserait-elle pas cette vie de Paris, avec ses grandeurs extérieures masquant mal ses décadences internes, cette indifférente froideur, presque cruelle, remplaçant les commérages, ces petitesses de la misère dorée, ou cette platitude du désir de briller tenant lieu des susceptibilités mesquines ?

LES PESSIMISTES

Il est un sentiment que j'appelle, moi, un défaut qu'il est difficile de définir : il tient de l'égoïsme, de la pusillanimité, de la faiblesse de caractère, d'une humeur grincheuse, du manque d'énergie et de bien d'autres choses encore, quoique les personnes qui l'éprouvent prétendent qu'il provient d'un excès de cœur, d'une trop grande impressionnabilité, et, en définitive, d'une perception juste des événements. Je veux parler du pessimisme.

Il est des gens qui voient un obstacle ou un nuage noir dans les moindres actions, même dans les événements les plus puérils de la vie. S'ils n'ont pas de sujet plus grave d'appréhension, ils commenceront par vous prévenir qu'il va pleuvoir, et que la température est très malsaine, quoique le soleil brille; partant de ce puéril lieu commun, ils parlent de tout sur le même ton : tout, selon eux, doit avoir un résultat néfaste. Parle-t-on devant eux d'un mariage, ils prédisent la séparation prochaine des futurs époux; fait-on une chute, on a dû se léser gravement un organe intérieur, on ne manquera pas de s'en apercevoir plus tard. Si vous toussez : « Prenez garde, c'est un gros rhume qui commence, et, dame! d'un rhume, on ne sait ce qui peut en arriver! » A mesure qu'il s'agit d'événements plus sérieux, le sérieux des pronostics augmente. Ce n'est pas seulement à l'égard des autres que ces esprits chagrins voient tout du mauvais côté et bannissent toute espérance, mais pour eux aussi.

Malheureusement ils ont souvent raison dans leurs funestes pronostics. En prédisant le mal ils prédisent le plus souvent à coup sûr! mais à quoi bon se tant chagriner d'avance, et paraître y trouver un malin plaisir?

Cela tient parfois à des causes physiques : les personnes qui ont l'estomac malade, ou un organe principal attaqué, le cœur, le foie, sont portées à l'hypocondrie; et on voit des gens qui ont été fort gais devenir tristes et mornes; mais il y en a aussi qui tiennent de l'enfance ce genre de caractère.

Il est possible encore qu'ils étaient des enfants maladifs; mais le moral jouit d'une si grande influence sur le physique, et *vice versâ*, qu'en essayant de changer le cours de leurs idées on risque d'améliorer leur santé.

Les enfants timorés, qui ont peur de tout, qui

n'osent pas bouger de crainte de se faire du mal, qui crient pour le moindre bobo, deviennent délicats, et, au lieu de s'enforcir, de s'aguerrir, restent pusillanimes pour leur vie.

Les impressions de l'enfance sont ineffaçables, les habitudes prises étant jeunes nous laissent des traces invétérées.

Lorsque l'âge et les maladies nous font une loi d'être prudents et méfiants, nous sommes excusables, sinon justifiés, d'être pessimistes; mais il est malheureux de commencer jeune, et nous devons désirer de conserver jusqu'à l'âge le plus avancé la sérénité d'esprit, le don de voir encore le soleil sans taches!

On ne saurait trop aguerrir les enfants et leur donner de l'énergie pour plus tard, énergie physique et morale.

Je connais deux cousines de caractères différents qui ont eu dans leur vie une grande similitude de circonstances. Madeleine et Suzanne avaient, avant la guerre, de belles positions, leurs pères occupant des postes élevés dans le monde officiel; la république les a jetés à bas, et ces jeunes filles, qui avaient autrefois leurs voitures, leurs femmes de chambre, ont été obligées d'aller à pied et de faire leurs robes, ce qui pouvait leur paraître dur.

Madeleine n'a jamais dit un mot de son changement de position, je veux dire un mot de plainte;

mais elle a cherché énergiquement à en sortir. Elle faisait énormément de démarches pour obtenir certaines places pour elle et des membres de sa famille, et ne craignait pas de durcir ses blanches mains aux ouvrages de la maison ; elle était infatigable, sans lamentations ni récriminations. Dans le cours de la conversation, elle disait bien : « Nous n'avons plus de chevaux », ou autre phrase de ce genre, mais elle n'en paraissait pas inconsolable ni plus malheureuse que tant d'autres. Elle en prenait son parti.

Suzanne, au contraire, fatiguait tout le monde de ses récriminations ; on aurait dit qu'il n'y avait qu'elle sur la terre qui eût perdu sa fortune, et qu'elle était certainement d'une race supérieure ! Elle ne parlait pas de moins que de se suicider ! On préférait de beaucoup s'intéresser à Madeleine qu'à cette éplorée de Suzanne.

LE CARACTÈRE ENTIER

J'ai lu dans un livre anglais à propos de la mauvaise humeur, ce conseil que j'ai beaucoup remarqué et sur lequel je ne saurais trop appeler l'attention des jeunes personnes qui désirent apprendre à vivre avec leurs semblables :

« Il y a des gens qui ne savent jamais terminer une discussion, s'arrêter dans la voie, une fois lancés; ils reviennent sans cesse sur ce qui est passé, et deviennent ainsi intolérables à ceux qui les entourent : c'est ce qu'on appelle, en langage familier, *rapapier* ou rabâcher. »

Mais à côté de ces caractères désagréables il y en a un qui dépasse tout ce qui peut s'imaginer, c'est le caractère dominateur, contrariant.

Qui de nous n'en a fait l'expérience dans sa famille ou dans son entourage? Il est surtout fréquent chez l'homme. Cependant je connais quelques femmes qui en sont ornées, et, par cela même, elles ont perdu le plus grand attrait de leur sexe.

Ce caractère se dessine même dans la fillette, et il est triste qu'on ne l'étouffe pas dès sa naissance;

j'ai vu des enfants ayant cette malheureuse disposition, qui ne fait que croître et embellir avec la force de l'âge, et ce n'est qu'usée par les chocs continuels de la destinée qu'elle finit par s'émousser. Mais que d'humiliations à essuyer ! que de désastres il en résulte avant qu'on arrive à ce résultat, et que de souffrances à endurer ! que de fois ces personnes déplorent la faiblesse de leurs parents qui n'ont pas eu le courage de les corriger vertement pendant leur enfance ! Ce n'est qu'en approchant de la vieillesse, à ce moment pénible où nos derniers attraits nous quittent, et où le monde nous fuit, si nous ne savons l'attirer par de bonnes qualités réelles, que l'on arrive à se reconnaître ce funeste défaut.

Henriette possédait ce caractère dominateur. Tout enfant, elle se faisait remarquer par les ripostes nettes qu'elle appliquait à chaque chose, et qui excitaient les dangereux applaudissements de ses grands-parents.

« Elle n'est pas sotte, la petite ! disait le grand-papa en se frottant les mains.

— Comme elle a bien appliqué sa petite phrase, hein ! ajoutait grand'maman.

— Tu as bien fait, ma petite mignonne, ne te laisse jamais mettre le pied dessus, ajoutait la tante.

— C'est qu'on ne lui fera pas accroire ce qu'elle ne voudra pas ! » reprenait l'oncle.

Et chacun de l'exciter et de l'encourager. L'enfant, intelligente de sa nature, acquit une instruction, sinon très profonde, du moins très étendue comme superficie ; elle acquit surtout l'habitude de s'approprier rapidement des connaissances, de porter un jugement plus ou moins juste, de trancher et de décider une question sans timidité et pleine de confiance en elle-même, quitte à savoir se retourner avec beaucoup de dextérité lorsque par hasard elle s'apercevait qu'elle allait avoir tort d'une façon trop évidente.

Tant qu'elle fut une petite fille, on la trouva drôlette et on s'amusa de ses répliques. Fillette, les indifférents qui composent le monde continuèrent à la flatter pour faire plaisir aux parents, tout en se disant entre eux qu'elle promettait une femme bien désagréable.

Sa mère commençait à s'inquiéter visiblement et à essayer d'opposer une digue à cette vanité envahissante, mais il était déjà trop tard : l'enfant était si habituée à ce qu'on trouvât gentils les sages conseils qui sortaient de sa petite bouche rose, et qu'on écoutât comme un oracle ses moindres paroles !

Toujours confiante à l'excès en elle-même, elle se croyait fort savante, parce qu'elle apprenait chaque jour des choses nouvelles pour elle, et, s'imaginant naïvement être seule à les savoir, elle s'empressait de les enseigner aux autres.

A dix-huit ans, elle se mêlait d'apprendre aux vieillards... ce qu'ils savaient depuis cinquante ans!

Elle avait une manière, quand on discutait devant elle, de dire :

« Non, non, c'est telle chose, et pas telle autre; moi je le sais! »

Il n'y avait rien à répliquer, du moins pour les femmes du monde ou les hommes galants. Il fallait absolument être convaincu. C'était cela, et pas autre chose; elle l'avait dit, donc inutile de discuter.

Pour elle, elle était enchantée. Dans l'intimité elle assurait à sa mère que c'était un grand talent à l'époque où nous vivons de savoir « s'imposer », que le monde est à ceux qui savent le prendre. Dans les salons de ses amis, elle s'emparait de la parole, parlait à haute voix, tranchait une question, et il n'y avait qu'à se taire. Tout le monde se taisait en effet... par politesse, mais non par conviction.

Son frère, qui avait le même caractère qu'elle, ne rencontrait pas cette condescendance qu'on accordait à la femme, et il recevait souvent des rebuffades assez raides d'hommes plus âgés que lui, qui ne se gênaient pas pour remettre à sa place ce jeune blanc-bec qui voulait leur en remontrer.

Aussi se corrigea-t-il plus vite qu'Henriette. Mais ce ne fut que lorsqu'il eut perdu sa fortune, qu'il eut été volé et bafoué par les flatteurs, rembarré par ceux qui n'attendaient rien de lui, que les angles de son caractère s'émoussèrent et qu'il consentit à écouter sans vouloir toujours avoir le dernier mot.

Henriette, au contraire, étant fort jolie, trouva plus d'adulateurs et moins de contradicteurs ; après avoir dominé ses parents, persuadés que leur fille était d'une essence vraiment supérieure, elle régna sur son mari par sa beauté, et par la crainte de scènes. Ses enfants, ses gens, étaient ses sujets naturels, et jamais il ne leur serait venu en tête de douter de ses capacités. Quant aux amis, elle n'en avait guère, ou du moins elle n'en gardait pas longtemps dans l'intimité. Ils la supportaient volontiers le quart d'heure réglementaire d'une visite officielle, afin de conserver des relations, d'être invités à ses fêtes, de l'avoir aux leurs, parée de ses diamants. Sa supériorité écrasante la faisait fuir des petits, et, pour ceux qui lui étaient supérieurs réellement, ils se contentaient de sourire en l'écoutant.

Mais on ne reste pas toujours belle ; l'âge arrive où la femme ne peut plus s'imposer que par sa bonté. Ses bons parents, il y avait déjà bien longtemps, étaient partis pour le monde inconnu et mystérieux où ceux qui ont fait le bien goûtent le repos éternel ; son mari, excellent homme, mais faible, s'était plié devant elle peu à peu, jusqu'à ce qu'une anémie complète, physique aussi bien qu'intellectuelle, venue insensiblement, l'emportât. Ses enfants s'étaient mariés à la première occasion qu'ils avaient rencontrée, ayant hâte de fuir la maison maternelle où ils se trouvaient opprimés.

Elle n'a que cinquante-cinq ans, mais l'avenir se déroule sombre devant elle, dans la solitude. Son salon est vide d'amis, qui, ne trouvant plus les éléments de jeunesse, d'élégance, de plaisirs d'autrefois, n'ont aucune envie de passer des soirées monotones à entendre pérorer la maîtresse de la maison. De temps en temps, quelque parente pauvre essaye, dans un but intéressé, de se faire une place à côté d'elle. Anxieuse de dominer quelqu'un, Henriette s'empresse de profiter de l'occasion. Elle associe bien vite la nouvelle amie à de beaux projets, lesquels tombent bientôt, car, même pour de l'argent, on ne veut plus tout supporter.

TROP DE SUSCEPTIBILITÉ

La susceptibilité est une disposition à se choquer trop aisément ; elle provient d'une sensibilité excessive, d'une délicatesse outrée, sinon d'un trop grand amour-propre et de trop de confiance dans sa personnalité. Boiste assure qu'il reste à faire une comédie du *susceptible*.

Elle peut aussi provenir de la petitesse d'esprit et de l'étroitesse des idées : exagérée, elle est ridicule, lorsqu'elle concerne des faits matériels; lorsqu'il s'agit de sentiment, elle est respectable, mais quelquefois ennuyeuse pour les autres et nuisible à soi.

La susceptibilité est le plus grand défaut que l'on reproche aux personnes qui habitent la province : de là, une source de ridicules qu'on leur trouve, et qui n'existent souvent pas dans le fond; il leur manque simplement ce que nous appelons à Paris l'habitude du monde, c'est-à-dire le contact, le froissement de la foule qui enseigne à ne pas se choquer, qui enseigne que vous n'êtes pas l'objectif de tout le monde, et que chacun n'a pas une idée unique : celle de vous humilier ou de vous viser.

A Paris, nous vivons si vite que nous n'avons pas le temps d'entrer dans les minuties ; nous ne nous arrêtons pas à bien des petits détails, et nous avons bien raison.

Nous présentons-nous à la porte d'une amie, on nous répond que madame n'y est pas. Nous savons pertinemment le contraire ; au même instant, comme nous tournons le dos, nous voyons introduire une autre personne ; nous ne songeons pas à nous en formaliser. Notre amie a ses motifs : nous n'avons pas le temps d'essayer de les découvrir ; nous partons au plus vite chez une autre, et lorsque la première nous revient, elle nous trouve toute disposée à la recevoir.

Il y a une susceptibilité qui provient d'une délicatesse exagérée, laquelle inspire de l'attendrissement et du respect ; on souffrira ridiculement d'une préférence qui aura été donnée, on sentira ses sentiments les plus intimes froissés par des manques de procédé. Mais je reste dans le domaine de ces petites susceptibilités que l'on rencontre à chaque pas de la vie, et qui sont vraiment agaçantes.

Vous avez la vue courte ou vous êtes distraite ; une bonne amie que vous aimez bien passe sans que vous la voyiez, elle se formalise ! Cette même amie susceptible n'est pas très bien accueillie par un nouveau domestique : vite, elle s'imagine qu'elle a été l'objet d'un ordre spécial : une de mes abonnées ne m'a-t-elle pas écrit que « parce qu'elle n'était pas fortunée, on lui envoyait son journal avec plus de négligence ! » Pauvre dame ! nous ignorions bien son état de fortune !

L'INDÉPENDANCE FÉMININE

Parler de l'indépendance de la femme, je veux dire d'une vie indépendante pour le sexe féminin, est une véritable ironie, et les personnes qui la désirent la chercheront en vain. La femme, chez les païens, était esclave ; aujourd'hui, pour être libre, elle n'en est pas moins tenue, non par un achat, mais par le dévouement et la charité ; et c'est précisément cette sublime dépendance qui fait sa supériorité, car elle la rend indispensable dans ces moments pénibles de la vie où il est tant besoin d'avoir auprès de soi un cœur où se réconforter, une main sur laquelle se soutenir.

L'homme a des *devoirs* à remplir, il ne lui est

pas demandé de dévouement; la charité ne l'enlace de ses douces chaînes... qu'à de bien rares exceptions..

Une femme malade n'aura jamais l'idée de demander à son mari, à son père, à son fils, de rester auprès d'elle; après avoir rempli ses *devoirs*, il sortira pour aller sans remords à ses distractions, sinon à ses plaisirs. Que penserait-il, lui, si, le jour où il s'alite, sa femme, sa fille ou sa mère allait passer la soirée au théâtre, au lieu de rester à son chevet? Quel est l'homme qui, devant une maladie dans sa famille, a rompu avec ses habitudes d'aller faire sa partie au cercle? Il aura le prétexte qu'il est inutile! parce qu'il est habitué, dans son égoïsme masculin, à ce qu'on s'occupe de lui et à ne pas s'occuper des autres : rien que par sa présence il pourrait être utile.

Chacun a sa tâche ici-bas et ses mérites.

Quelle est la femme qui est indépendante dans ses actions? Il faut qu'elle soit bien seule, bien isolée ou bien déclassée.

Jeune fille, la femme se lamente constamment, parce qu'elle n'est point libre, et cependant c'est le temps de sa vie où elle l'est le plus. Elle n'a pas de souci du ménage dont sa mère a encore la charge; l'indulgence et la gâterie qu'elle rencontre chez ses parents lui accordent le plus de latitude possible; elle n'est pas encore d'une utilité indispensable, et elle n'a pas à s'occuper de détails matériels.

Je connais une femme, appelons-la Noémi pour la facilité du récit, qui aspirait toute jeune à faire enfin un jour ce qu'elle voudrait : son père âgé, sa mère soucieuse et affairée, la retenaient au logis plus souvent qu'elle ne l'aurait aimé. Cependant, comme elle atteignit l'âge de vingt-cinq ans sans être mariée, ses parents, afin de dérider son front, la laissaient volontiers aller dîner chez une amie, passer son dimanche à se promener avec de jeunes parentes : sans avoir une grande fortune, elle n'avait pas de soucis sérieux ; quand elle rentrait, elle trouvait le dîner prêt ; et cependant elle aspirait au jour du mariage, afin d'acquérir cette liberté qu'elle souhaitait ! Que pourrait bien lui accorder cette liberté ? Elle ne se l'était peut-être jamais demandé ! Selon elle, elle n'entendrait plus de conseils ni d'observations... elle ne serait plus tenue à rendre des comptes... elle serait libre de commander ses domestiques, de s'habiller à son goût, que sais-je ?...

Comme ses amies mariées lui disaient souvent qu'elle se trompait et ne serait pas aussi libre qu'elle se l'imaginait une fois mariée, elle avais mis dans son idée d'épouser un homme âgé, afin de devenir veuve jeune. C'est un souhait sans conséquence, que plus d'une jeune fille fait sans se croire cruelle pour cela. On lui présenta un homme âgé de cinquante ans; pour une jeune fille de vingt-cinq ans, cinquante ans paraît si loin! Elle serait une jeune veuve! Elle ne vit que cette perspective! Il était riche, et, de plus, avait trois sœurs plus âgées que lui, célibataires endurcies comme l'avait été jusqu'à présent leur frère, dont elle se trouverait héritière, car elles avaient chacune une belle fortune, et l'aînée avait déjà soixante-cinq ans! Mon Dieu, qu'elle lui paraissait vieille!

Ses parents voulaient précisément se retirer à la campagne, et Noémi n'entendait pas quitter Paris; elle se décida.

Elle allait donc l'avoir enfin, cette liberté! Les premières concessions se firent sans qu'elle s'en aperçût; c'était si naturel! Parler de sortir quand son mari restait à la maison, faire des achats sans le consulter, mettre une robe qu'il n'aimait pas, ce n'aurait pas été gentil de sa part, et elle ne le fit pas. Il fallait s'occuper de son ménage et satisfaire les goûts de Monsieur, cela allait sans dire. Puis l'intérêt la poussa à accepter d'aller vivre près de ses vieilles belles-sœurs, dans une petite ville de province, afin de ne pas laisser prise à des captations d'héritage. Bref, elle fit absolument, et bien davantage, avec son mari, ce qu'elle avait refusé à ses parents; et cela sans l'entraînement de l'amour.

D'ailleurs, elle devint mère, successivement, de trois enfants dont deux moururent ; que de veilles elle dut passer ! Et combien elle faisait taire ses moindres désirs pour ne songer qu'à satisfaire ceux de ses enfants !

Ah ! il était bien question de liberté et de plaisirs ! Si elle n'avait pas toujours été libre de faire sa volonté chez ses parents, elle n'eut certainement jamais occasion de la faire chez son mari : c'était un homme excellent, un cœur d'or, il adorait sa femme et la fille qui leur restait, mais il avait une volonté énergique, d'ailleurs toujours dictée par le bon sens.

Noémi n'avait donc pas le droit de se plaindre ; n'est-ce pas naturel de faire la volonté de son mari, comme de faire celle de ses parents ? Les années se succédaient, et cependant l'amour de la liberté n'était pas éteint dans son cœur, précisément parce qu'à l'autorité de son père avait succédé celle de son mari ; elle avait soif de faire un jour une folie quelconque ; oh ! bien peu de chose, peut-être, mais enfin... sortir sans savoir où elle irait, manger une insanité qui lui ferait peut-être du mal, et surtout aller dans le monde, aller au bal ! Elle en avait été privée jeune fille par son père, et ses enfants d'un côté, l'âge de son mari, de l'autre, continuèrent à l'en empêcher ; sans avoir le moindre désir de voir mourir son mari, elle formait le projet de s'émanciper un jour ; par exemple quand sa fille aurait l'âge d'être produite en société ; alors il ne s'y opposerait pas, rien ne pourrait la retenir.

Quand sa fille eut vingt ans, Noémi en avait quarante-neuf ; femme d'esprit, d'une beauté brune bien conservée, elle pouvait encore briller dans un salon ; mais, comme les vieilles sœurs vivaient toujours, il n'y avait pas moyen de songer à les quitter. Le mari, en devenant plus âgé, était devenu de plus en plus morose ; de plus il était un peu avare ; il ne permettait aucun plaisir à sa fille et partant à sa femme, qui ne cherchait que le meilleur moyen pour sortir de cette impasse et ne pas laisser perdre ses dernières années, non de jeunesse, mais de maturité. Précisément la seconde sœur mourut d'une attaque ; elle avait quatre-vingt-trois ans ; l'aînée, qui en avait quatre-vingt-sept, se portait comme un charme (locution usitée, les charmes se portent-ils?). Quant à la Benjamine qui avait soixante-quinze ans, il n'y avait pas à y penser ! Il est à remarquer que les gens dont on attend l'héritage vivent toujours très âgés.

Noémi put, grâce à la belle dot de sa fille, lui trouver un mari, qu'elle déclara parfait, et le crut tel, tant elle désirait qu'il le fût ; elle le voyait à travers un prisme. C'est qu'il était avocat à Paris, et recevait beaucoup ; elle allait donc pouvoir, en venant chez sa fille, prendre un peu de liberté et voir le monde.

Malheureusement, peu de semaines après le mariage de leur fille, son mari fut pris d'une congestion qui le tint paralysé pendant de longs mois; quelle est la femme qui peut quitter son mari dans cet état?

Non sans se plaindre d'avoir été toute sa vie garde-malade, d'abord de ses parents, puis de ses enfants, elle le soigna avec dévouement. Lorsqu'il mourut, elle avait cinquante ans sonnés, un embonpoint assez fort commençait à l'alourdir. Elle s'était attachée à son mari, et ressentit un profond chagrin; néanmoins la liberté luisait au bout de tout, comme une étoile la conduisant; elle vit son rêve près de se réaliser; mais son intérêt lui indiquait toujours de ne pas abandonner ses belles-sœurs. C'était précisément le moment le plus important; ce n'était plus qu'une affaire de mois, d'années tout au plus, l'aînée approchait de quatre-vingt-dix ans. Elle touchait au but; elle aurait fortune, liberté, et pas même d'enfants pour la gêner! Elle se sentait tellement jeune d'esprit qu'elle aurait songé à se remarier, si ce n'eût été la crainte de nouvelles chaînes.

Sur ces entrefaites, elle vint voir sa fille à Paris, et, comme elle voulait prendre un peu d'autorité chez son gendre, celui-ci la reprit durement; une scène terrible eut lieu, et ils se brouillèrent d'une façon irrémissible.

Cela ne l'empêcha pas de louer un bel appartement à Paris, et de le faire luxueusement meubler en vue de ces futures réceptions dont elle avait eu tant de fois le désir, désir qu'elle allait réaliser, maintenant que la liberté complète ne pouvait manquer de lui arriver avec la fortune.

Il est toujours triste d'être obligé d'escompter la mort des gens pour être heureux! Bref, après le décès de ses belles-sœurs arrivé au bout de quelques années, s'étant fatiguée par l'arrangement des affaires, son installation, elle fut prise d'un accès de goutte qui ne devait plus lui laisser de repos. Quand cet accès fut calmé, elle avait énormément vieilli physiquement (si son cœur était resté jeune), elle aspirait toujours à pouvoir aller dans le monde, elle essaya de s'y faire traîner; mais, n'ayant personne de jeune autour d'elle, devenue morose et acariâtre par la déception et la douleur, on s'éloigna d'elle. Infirme, elle vit tristement, maintenant qu'elle est libre, isolée avec ses domestiques qui la font enrager!

Peut-être aurait-elle pu éviter l'isolement en faisant des concessions à son gendre, à ses amis; trop heureuse d'être libre, elle ne veut plus se gêner, elle ne veut plus de liens... hélas! la maladie lui rive encore ces dures et lourdes chaînes que nous devons porter tous sur terre et dont il nous est impossible de nous affranchir; tout au plus, nous est-il permis de chercher à les rendre plus légères, en les soulevant dans nos mains!

Voilà l'indépendance de la femme, même dans le mariage, où elle s'imagine cependant la trouver le plus.

LES CARACTÈRES HEUREUX

>*Some complain to find thorns on roses,
>I am thankful to find roses on thorns.*
>(SHAKESPEARE.)

Quelques-uns se plaignent que la Providence ait mis des épines aux rosiers; moi, je rends grâce qu'elle ait mis des roses sur les épines. » Dieu ne peut faire une faveur plus grande à sa créature que de lui octroyer un caractère heureux, un de ces caractères non pas indifférents, mais qui se contentent de peu.

C'est une erreur de croire que l'habitude fait beaucoup; c'est une affaire de caractère, et par conséquent d'éducation. La naïveté, la fraîcheur d'impression, la pureté du cœur, font qu'on est heureux de la moindre chose. Vous rencontrerez des personnes, des enfants même dans les classes les plus pauvres, que rien ne satisfait; ce n'est pas qu'ils regardent plus haut qu'eux, ce qui arrive cependant souvent, mais c'est aussi parce qu'ils sont d'une humeur difficile; ils s'ennuient à la promenade, au jeu, à l'étude; c'est une nostalgie perpétuelle, sauf pour l'amusement qu'ils découvriront d'eux-mêmes, ou celui qu'ils ne pourront pas avoir. N'importe quel cadeau on leur fasse, on ne tombe pas dans leur goût; et il n'y a que leur goût qui vaille à leurs yeux.

Dans les classes riches, on trouve aussi des enfants blasés et des enfants enthousiastes. J'excuse une personne d'un âge avancé, ayant beaucoup vu, beaucoup usé de la vie, ayant eu une masse de déceptions, ayant joui de tous les plaisirs, si elle promène maintenant à travers le monde son humeur maussade, et si la joie, toujours ternie par les coulisses de la vie qu'elle connaît trop, ne peut plus arriver à son âme. Mais, à moins que cette lassitude, ce dégoût, ce raffinement dans les désirs, ne lui aient été légués, par hérédité, de ses parents, je ne comprends pas ce sentiment chez un enfant ou un adolescent.

Les vieilles gens sont excusables de vous dire quelquefois, quand il fait du soleil, mais parce qu'ils aperçoivent à l'horizon un léger flocon blanc tachant le ciel bleu : « Il pleuvra, vous aurez de l'eau ! » Mais la jeune fille au caractère gai, téméraire, entreprenant, comme on doit l'avoir quand on est jeune, dira au contraire devant le gros nuage obscurcissant la voûte céleste : « Non ! le nuage va passer, il ne pleuvra pas, il fera beau ! » parce qu'en effet pour elle il fait toujours beau, même quand il pleut. Le caractère heureux est doué d'un prisme à travers lequel ses yeux perçoivent les objets avec une autre teinte que ceux qui voient tout en noir, qui sont timorés, et s'effrayent d'un pli dans une feuille de rose.

Avez-vous jamais remarqué combien les mendiants sont gais ! non seulement les mendiants, mais aussi des gens fort misérables, que l'on est tenté de plaindre de tout son cœur. C'est fort heureux pour eux. Vous voyez des servantes, par exemple, jouer comme des enfants ; elles restent jeunes de caractère, tandis que dans les classes fortunées on devient sérieux bien plus tôt. Aussi se tourmente-t-on davantage : on se figure qu'on serait bien malheureux si l'on se trouvait dans la position de tel ou tel, lequel est fort gai, et ne pense pas à mieux, car il y a des grâces d'état.

Ne dites jamais à une amie, à moins qu'elle ne s'en plaigne elle-même : « Que je vous plains d'être obligée de vivre de telle ou telle manière ! » Ou elle ne se trouve pas à plaindre parce qu'elle envisage la chose à un autre point de vue que vous ;

c'est par sa propre volonté qu'elle se trouve dans le cas que vous plaignez, et alors votre phrase sonne faux ; ou elle est dans l'impossibilité de faire autrement, c'est contre son gré, et alors votre pitié ne fera qu'augmenter l'amertume de sa position au lieu de remonter son courage. Ce sont de ces nuances de tact et de délicatesse qui échappent souvent et font naître des ripostes, de petites animosités dans la vie sociale.

Un caractère heureux est un des plus heureux dons qui puissent nous échoir, parce qu'il nous permet de jouir réellement du peu du bonheur que l'existence procure, en rendant heureux notre entourage.

Quel est ici-bas celui qui n'a pas à se plaindre de quelque chose, qui peut se vanter d'être absolument satisfait? L'un a ceci, l'autre a cela ; mais il manque toujours quelque chose, et précisément ce quelque chose qui manque, pour les esprits maussades, suffit à leur dissimuler toute la beauté du reste.

Un cœur chaud et enthousiaste rend la vie agréable ; cependant, j'aime mieux un caractère simplement calme, voyant juste, prenant la vie assez au sérieux pour ne pas rire quand il faut pleurer, mais ne s'attristant pas à tout propos : le pessimiste rend encore plus malheureux son entourage que lui-même ; souvent il ne croit pas les choses autant au pire qu'il se plaît à le dire : c'est une sorte de jouissance pour lui de taquiner les autres et de les faire souffrir par ses prédictions sinistres.

LA FEMME D'INTÉRIEUR

E<small>N</small> France, la femme aime à toujours planer, à se tenir dans les régions éthérées et idéales; elle n'aime pas à se montrer sous la livrée du tablier de ménage : elle surveille sa maison la plupart du temps d'aussi près, sinon de plus près, que les femmes allemandes ou anglaises; mais elle n'en fait pas apparat comme elles; elle ne s'en fait pas gloire, et, s'il survient un visiteur, elle s'empresse de faire disparaître les moindres indices de ces travaux de bonne ménagère pour se présenter dans toute la gloire de la femme du monde. Faut-il l'attribuer à ce que les cœurs délicats rougissent de leurs bonnes actions comme d'un crime? ou plutôt à l'opinion du sexe masculin, qui influence toutes les opinions féminines?

En Allemagne, la femme la plus haut placée et la plus riche ne craint pas d'apparaître au salon avec le tablier à bavette, en fine batiste bien entendu, et rehaussé de dentelles et de broderies. Ses mains sont encore rouges de la chaleur du fer à repasser, une certaine odeur de friture émane de ses jupes, car rien ne s'attache et ne s'imprègne aux vêtements comme les odeurs de la cuisine ; son œil est émerillonné par le feu du fourneau ; elle vient de confectionner de succulents beignets ou de repasser le jabot de la chemise de gala de son mari : c'est qu'elle sait que le visiteur humera avec plus de volupté cette odeur de friture que tout autre parfum, qu'il enviera l'heureux mortel qui va avoir une chemise bien repassée. Ce n'est pas par économie qu'elle agit ainsi, mais parce que cette habitude est ancrée dans les mœurs de son pays et qu'elle ne saurait y manquer sans faire scandale.

Ce qui est remarquable, c'est que cette femme, d'une apparence si positive par moments, est d'autre part plus idéale et plus adonnée aux choses de l'intelligence que n'importe laquelle d'un autre pays. Et toutes ces qualités, elle les a ou les conquiert... par amour! pour s'attacher l'homme qu'elle aime par-dessus tout, dont elle est l'esclave soumise jusqu'à l'exagération. En Allemagne, le mari est vraiment le seigneur et maître ; jamais aucune femme, même la plus capable, n'osera tenir tête à un homme. Le sexe masculin y est respecté et vénéré ; on ne le discute pas! En France, c'est la femme qui est reine ; elle se regarde tout au moins comme l'égale du sexe masculin, et, je crois même, un peu au-dessus! Reine par le droit du sexe, tout simplement, sans se donner la peine de s'instruire pour pouvoir causer avec l'homme, ou de le servir ; il doit l'aimer comme une déesse ; peut-être est-ce parce que le Français s'attache beaucoup à l'apparence, au cadre, que la femme tient autant à paraître.

S'ensuit-il que l'homme allemand aime mieux sa femme que le Français? que son amour dure plus longtemps? qu'il soit moins accessible aux tentations? Non! l'homme de tout pays succombe à ses passions quand il en trouve l'occasion ; la passion seule le retient ; les sacrifices, l'abnégation d'une femme, peuvent lui faciliter le retour lorsque les maladies et l'âge lui ferment les autres portes ; les qualités de la femme provoquent l'estime du mari, et c'est là le but que toute femme doit poursuivre. Ces qualités, qui provoquent l'estime et l'affection tranquille mais profonde et durable, qui survivent à l'amour des premiers jours du mariage, ne consistent pas à se rendre l'esclave de caprices, à s'annihiler complètement, à se tuer, à se miner pour arriver à satisfaire un être qui ne veut pas être satisfait, à s'abaisser, à s'humilier et à faire parade de cet abaissement avec ostentation ;

cela devient de la païenneté, c'est-à-dire de l'erreur. La femme qui affiche trop hautement qu'elle est l'humble servante de son mari dégrade son sexe à la manière des Orientales. Dans le mariage, il y a des devoirs différents pour chacun, de la servitude pour personne.

La Française aime, mais jamais au point de sacrifier sa dignité. Elle a en elle la fierté de la femme chrétienne, rachetée par la Rédemption et qui apporte une dot à son mari soit en argent, soit en intelligence. Elle a conscience de sa valeur. Aussi, voyez la femme du négociant : elle est associée à ses affaires. C'est elle qui est chargée de la partie la plus difficile, la plus délicate ; elle tient la caisse et les livres de comptabilité, c'est-à-dire qu'elle est au cœur même de la position. Son mari ne fait rien sans la consulter, et son avis est toujours bon à suivre ; aussi le commerçant dont la femme travaille avec lui réussit presque toujours dans ses affaires, et, presque toujours aussi, est un excellent mari, chérissant son épouse, faisant bon ménage.

Tout cela pour en arriver à dire que la femme française s'occupe tout autant de cuisine que la femme des autres pays, mais qu'elle s'en vante moins. Elle le fait discrètement, non pas pour s'amuser, mais parce que c'est nécessaire. Elle pense que, si jolies que soient les coulisses, il vaut mieux les cacher au spectateur et lui laisser toute l'illusion.

Chacun a sa manière de voir ; surtout quand il s'agit de pays différents, il ne faut ni trop blâmer ni trop louer, car tout est approprié pour former ce tout complet. Si l'on entreprenait de changer une habitude, il faudrait changer les mœurs, le tempérament, le milieu et même le climat, bouleverser le monde ; les chemins de fer, les facilités de communication, les traductions des livres, ont servi à apporter bien des changements, bien des modifications ; il s'en est suivi les incohérences que l'on remarque maintenant ; modifier les mœurs d'un pays équivaut à teindre une femme brune en blonde, ça ne donnera jamais qu'un résultat bizarre et étrange, même assez imparfait.

Mes lectrices ne doivent donc pas s'attendre à ce que je vienne prêcher ici de ceindre le tablier blanc, si ornementé qu'il soit ; au contraire, selon nos usages, je les engage à dissimuler autant que possible les apparences de matérialisme. Autant il est peu sensé qu'une femme ou une jeune fille, dans une position de fortune modeste, affecte de parler d'une cuisinière qui n'existe pas, et fasse fi des occupations d'une ménagère, autant il est ridicule pour une femme jouissant d'une certaine aisance d'afficher ses qualités de bonne ménagère, de laisser ses convives au salon pour aller surveiller à la cuisine, et de les obliger, par flatterie, à se bourrer d'une pâtisserie réussie plus ou moins, parce qu'elle aura annoncé pompeusement l'avoir faite de ses blanches mains.

L'exagération, l'affectation, ne sont bonnes en rien, mais il est toujours préférable de ne pas laisser voir les coulisses, de ne pas dévoiler les trucs, de laisser les illusions, et de couvrir d'un voile le réalisme de la vie.

Une femme habile et sérieuse de ma connaissance, qui reçoit beaucoup à cause de la position de son mari, et qui n'a pas de grosses sommes à sa disposition, va, le matin des jours où elle donne à dîner, au marché avec sa bonne, un voile assez épais sur le visage, et, vêtue modestement, elle passe inaperçue, incognito. En rentrant, elle prépare elle-même ses volailles, met son couvert, apprête ses hors-d'œuvre et ses plats sucrés, dirige tout et conduit tout; elle passe dans son cabinet de toilette une demi-heure, et en sort fraîche et pimpante pour entrer dans son salon. Elle ne cache pas, dans la conversation, si l'occasion s'en présente, qu'elle s'occupe de son ménage, car elle serait très fâchée que l'on pût se demander comment, avec le traitement de son mari, elle peut mener un pareil train; mais elle laisse admirer le résultat sans montrer l'engrenage.

Toute femme doit savoir faire la cuisine, comme

toute femme doit savoir coudre, comme toute femme doit savoir élever ses enfants, soigner un malade. De même tout homme d'affaires, tout patron, doit connaître la comptabilité quoiqu'il ait un comptable; tout homme riche doit savoir soigner les chevaux quoiqu'il ait un cocher. Est-il permis de ne pas savoir écrire, sous le prétexte que l'on a un secrétaire?

Il y a un avantage énorme à pouvoir se passer des autres, au besoin; il survient des circonstances dans la vie que l'on ne peut prévoir; ensuite il y a aussi avantage à savoir pour apprendre aux autres. Pour bien commander, il faut savoir, et il n'y a rien de plus pénible que d'être obligé de reconnaître que des subalternes en savent plus que vous, et que vous êtes, par conséquent, à leur merci.

Il est plaisant, vraiment, de voir les *bourdes* que peut bien conter une cuisinière à une jeune maîtresse incapable, et les lui faire *gober*, comme elle dit dans son langage pittoresque; d'un autre côté, la même maîtresse peut faire des reproches injustes, laisser échapper les observations ou les questions les plus saugrenues, par ignorance.

A Paris, principalement, où la jeune génération des femmes a préféré le laboratoire à la cuisine, l'étude de la chimie à celle du ménage; où, dans les livres destinés à l'enfance, on enseigne à connaître les montagnes de la lune ou les différentes couches terrestres avant d'apprendre à faire le pot-au-feu, on mange extraordinairement mauvais, et des personnes habituées à ce qu'on appelait autrefois une bonne cuisine bourgeoise sont bien déçues. Ce n'est pas là une simple question de gourmandise, mais aussi une question d'hygiène, puis une question d'économie et d'utilité.

Les cuisinières, n'étant plus enseignées par des maîtresses expérimentées et intelligentes, qui se transmettaient leur savoir de mère en fille, n'ont plus de tradition. Elles vont apprendre au restaurant; elles essayent de suivre les recettes du livre de cuisine, qu'elles interprètent selon le degré de leur intelligence, et il sort de là une cuisine inouïe pour un palais délicat; les aliments les plus coûteux sont gâchés sans profit.

Ce que doit surtout connaître la maîtresse de maison, ce sont les petits soins, les mille précautions à prendre, de la véritable cuisine de famille, soit pour pratiquer elle-même, soit pour enseigner à sa domestique, de façon qu'elle sache non seulement discerner et apprécier le bon et le mauvais, mais encore en dire le pourquoi et indiquer le remède.

L'INFLUENCE DU PHYSIQUE

Il serait assez triste de songer au rôle que le physique joue dans l'existence, s'il ne dépendait de soi de le métamorphoser dans une certaine mesure.

A l'homme, dit-on, il est permis d'être laid, s'il a du *génie*. On peut ajouter que la femme a la même autorisation, si elle a de la *grâce*.

Ce n'est ni la beauté ni la laideur proprement dite qui font le charme d'un extérieur, mais la physionomie qui vient transformer cette laideur ou cette beauté, la physionomie qui est le reflet de l'âme et nous montre le cœur, le caractère, l'esprit de la personne.

Certes, si à la physionomie s'ajoutent la régularité des traits, la perfection de la taille, le teint d'une bonne santé, nous nous trouvons en face d'une beauté physique parfaite; mais ces qualités morales et physiques se trouvent rarement réunies : il est rare qu'une beauté régulière ne soit pas un peu froide, et que le véritable génie, le feu sacré intérieur, l'illumine, par cela même que ce feu de l'âme déforme la régularité. Comment exprimer la vivacité des impressions, l'émotion des sentiments, la profondeur de la pensée, sans agiter les muscles du visage, froncer le front, plisser les yeux et les lèvres? Je ne crois pas qu'un homme de génie ait jamais rivalisé avec Narcisse ou Apollon pour la beauté de la forme ; l'intelligence, le talent, le savoir, donnent une beauté toute spéciale qui supplée à la beauté purement plastique et détruit presque celle-ci ; mais, pendant que la première provoque une admiration calme, l'autre excite de l'enthousiasme et de l'entraînement.

Chez la femme, on est plus exigeant; on voit fréquemment des femmes réputées laides plaire infiniment, allumer de grandes passions, et l'emporter sur leurs compagnes d'une beauté plus classique. Mais, à cause du sentiment particulier à la différence des sexes, ce n'est pas ici le génie qui l'emporte toujours : une physionomie sympathique et gracieuse, un teint uni pur et blanc, des yeux expressifs, intelligents et doux, donnant une idée de bonté et d'indulgence, un sourire faisant présager la gaieté et un caractère facile, charment beaucoup plus dans la femme que la dureté et le caractère anguleux que peuvent donner des études abstraites.

Un physique absolument laid, c'est-à-dire dépourvu d'intelligence, est excessivement nuisible à celui à qui il est échu. La femme qui n'a pas de grâce, qui a toujours la bouche boudeuse et le regard impérieux, eût-elle les plus beaux traits du monde, ne plaira jamais.

Céline a la peau blanche, le teint rose, de beaux yeux, des traits auxquels on ne peut trouver rien à redire, une taille élancée et de longs cheveux cendrés. « Une belle personne! » s'écrie-t-on quand on la voit, et surtout quand on l'examine. Cependant elle ne plaît pas, car elle est froide comme une statue, et de ses lèvres dédaigneuses ne s'échappent que des paroles sèches. Le sourire ne vient pas indiquer dans ses joues des fossettes mignonnes, et l'attendrissement d'un cœur sensible n'adoucit jamais l'éclat de ses yeux.

Le physique influe sur le moral, la physionomie qui dénonce une âme peut servir de conjecture, quoique ce ne soit pas une règle absolue.

Une physionomie heureuse, résultat de tous les traits d'une personne, prévient en faveur de son caractère.

« On croit que la physionomie n'est qu'un simple développement de traits déjà marqués par la nature; pour moi, je pense qu'outre ce développement, les traits du visage d'un homme viennent insensiblement à se former et à prendre de la physionomie par l'influence fréquente et habituelle de certaines affections de l'âme. » (J.-J. Rousseau.)

Avis donc aux jeunes filles coquettes; qu'elles aient à se corriger de leurs défauts, si elles veulent avoir cette beauté sympathique qui séduit mille fois davantage et qui dure au delà des ans.

C'est là un fait avéré : les traits se transforment, pour ainsi dire, selon les sentiments habituels. Par l'habitude, on peut modifier ses traits dans une certaine mesure. La sérénité de l'âme donne à la physionomie une expression reposée et heureuse, c'est celle que l'on admire chez les religieuses; l'excitation des passions bouleverse les traits; et tandis qu'un régime sain, une vie calme, donnent un teint blanc et frais, l'intempérance procure les éruptions, les taches sur la peau. Une personne exempte de vice et même de mauvais caractère vieillit bien moins vite que celle qui est hargneuse, inquiète, pour ne pas dire pis : la vertu et la bonté, voilà le meilleur maquillage!

Il y a cependant des exceptions, ou du moins des cas qui paraissent à un observateur superficiel être des exceptions : il existe des physionomies rébarbatives sous lesquelles se cachent des cœurs excellents, pleins de délicatesse; mais ces cas ne résistent pas à un examen bien profond. Il y a toujours un point de l'œil ou de la bouche qui dévoile le cœur.

La science de la métoposcopie n'est pas difficile pour ceux qui ont du jugement et l'habitude des humains; mais il y a bien des personnes qui se flattent d'être physionomistes, de juger à première vue, et qui sont très facilement dupes par cela même qu'elles se fient beaucoup trop à leur capacité; elles se laissent trop influencer par les apparences, ou elles sont trop portées à attribuer à d'autres ce qu'elles ont expérimenté sur les premiers.

Il faut bien avouer que l'extérieur a une influence beaucoup plus prépondérante qu'il ne faudrait sur l'impression produite.

Auprès du sexe masculin, une femme jeune et jolie a toujours raison; laide et vieille, elle est repoussée; résultat fort pénible s'il n'était pas possible de diminuer dans une mesure assez forte les chances que l'on perd avec les années.

Les qualités intellectuelles et morales ne sont pas appréciées à leur juste valeur, et ne font pas pencher suffisamment la balance, souvent parce qu'elles ne sont pas bien présentées.

La faute en est certainement à la principale intéressée, soit par indifférence, soit par manque de goût, ou encore faute de tact et de discernement.

Le goût et l'ingéniosité peuvent suppléer à la richesse des vêtements, et aider à rendre moins choquantes les atteintes de l'âge, ou à diminuer des laideurs physiques. Mais on dirait que certaines femmes, on a vraiment peine à le croire, tellement ce sentiment est peu féminin, s'enlaidissent à plaisir! On a dit depuis longtemps qu'il n'y a pas de femmes laides, c'est-à-dire que toute femme, en s'étudiant un peu, peut atténuer ses défauts physiques par la manière de s'arranger. Quant à la vieillesse, on peut, sinon la dissimuler, la rendre si aimable, si respectable, si digne, que, sans la faire oublier, ce qui serait dépasser le but, on lui garde son charme et son intérêt particulier.

Je ne parle pas du maquillage, qui ne fait aucune illusion, et par conséquent nuit plutôt, mais des combinaisons artistiques. Telle forme de chapeau sied mieux, telle coupe de vêtement dissimule une imperfection, telle coiffure *avantage,* telle autre nuit.

L'important, quand on atteint ce nombre d'ans qui arrive si vite et ne fait que s'accroître, est de ne pas se laisser aller; il faut soutenir son moral en même temps que son physique, ne pas croire, parce qu'on est vieille, qu'on peut s'affubler d'oripeaux et négliger son teint. A quinze ans, il est ridicule d'y penser; à soixante, le maquillage serait odieux; mais les soins sont bien plus nécessaires que dans la jeunesse : chose étrange cependant, on s'en préoccupe bien plus alors qu'il n'en est pas besoin! Les cheveux bien tenus, des vêtements sérieux et seyants, riches autant qu'on le peut, confortables, et beaucoup de *respectability,* voilà ce qu'il faut à un âge avancé.

Il n'est question d'aucune dépense de plus, simplement de bien choisir.

Le type de la beauté parisienne, et je puis dire même de la beauté européenne, n'est plus du tout la beauté plastique; il est abandonné depuis longtemps, il est représenté par la beauté *intelligente*, et celle-là appartient à tous ceux qui savent la comprendre.

Elle plaît à tout le monde et séduit à tout âge.

Malheureusement, il n'appartient pas à tous les genres d'esprits de pouvoir se l'approprier. Des personnes de grand talent manquent de goût; et, dans ce monde si futile qui s'en rapporte aux apparences, c'est « l'absent qui a toujours tort ».

NOS FILLES

Il est facile de remarquer que chaque génération comporte un genre différent dans la manière de se conduire, de raisonner et même dans le physique; le proverbe *Tel père, tel fils*, s'explique plutôt en sens contraire par *Père avare, fils prodigue*.

Les délicieuses femmes du XVIIIe siècle et de la

République nous ont donné les mères rigides de la Restauration ; ces mères sévères nous ont élevé la femme de cinquante ans actuelle, qui fut apprise à respecter ses parents, à ne point les tutoyer, ni discuter leurs arrêts. Obéissante, de manières douces, de caractère affectueux et tranquille, à l'esprit développé mais éloigné de la pédanterie, doutant d'elle-même précisément à cause de sa supériorité, incapable de dureté et de colère, voilà la mère que nous voyons aujourd'hui assez embarrassée de ses filles qui atteignent leur vingtième année.

Cette mère, qui ne s'est pas toujours trouvée heureuse de l'éducation sévère qui lui était donnée, laquelle cependant nous montre dans sa personne de si bons résultats, a voulu employer avec ses enfants une autre méthode plus moderne, moins autoritaire ; elle a procédé par la douceur, la tendresse. Pourquoi gêner les enfants, les rendre martyrs, s'en faire détester ? Ah ! elle se rappelle ces sentiments de révolte qui s'emparaient de sa petite âme ! Non, ses enfants la chériront, car elle ne les contrariera pas ; leur bon naturel fera tout. Jamais, oh ! jamais elle ne les frappera : ce n'est pas sa méthode ! Elle essayera de la persuasion...

J'en connais bon nombre de ces mères tout à fait charmantes, distinguées, de bonne compagnie, qui ont été aimées et admirées, il y a vingt ans, et sont toujours sympathiques : jamais le ton de leur voix ne s'élève au-dessus du diapason de la bonne société ; leurs filles ne les ont jamais vues en colère, courroucées, jamais leurs filles n'ont été punies ni contrariées... Mais comme elles sont différentes de leurs mères ! Ah ! on s'aperçoit bien qu'elles n'ont pas été élevées de la même façon ! et j'en connais bon nombre de ces pauvres et douces mamans qui sont ennuyées et embarrassées, bien heureuses quand elles ne sont encore que cela !

Leurs filles sont tout l'opposé. Aucune volonté ne leur ayant été imposée, elles ne connaissent pas de frein à leurs fantaisies. Elles ont le verbe haut, le geste saccadé, les mots peu recherchés, la tenue... comme il leur plaît de l'avoir ! Leur santé est robuste, il faut l'accorder ; même à Paris, la jeune fille n'est plus pâle, anémique, comme il y a vingt ans. On lui fait faire tant de gymnastique, de natation, d'exercice équestre et pédestre, on prend un tel soin de sa santé, que nous avons une génération resplendissante, ce qui est certainement un point de gagné ; malheureusement, le moral accompagne cet extérieur viril, et la jeune fille d'aujourd'hui ressemble de plus en plus à un jeune garçon, aussi bien par ses vêtements que par ses goûts et sa conversation. J'en connais dont les frères sont bien plus féminins.

Une de ces mères dont je viens de parler me faisait ses doléances l'autre jour. Elle ne peut rien faire de sa chère fille qui a dix-neuf ans : c'est une blonde ravissante, aux cheveux fins et cendrés voltigeant en fines boucles sur ses épaules. Son teint est d'une fraîcheur éblouissante; sous son petit chapeau Louis XI, avec sa redingote ajustée, elle a l'air d'un vrai petit étudiant en quête d'un duel, quand elle se dirige avec son buvard aux conférences ou aux cours de tel ou tel savant. Sur les questions de métaphysique ou d'économie sociale, elle en remontre à sa mère. Elle dédaigne les dentelles, les colifichets, la poudre de riz; pour un peu, au lieu d'employer la pâte Dusser, elle mettrait des cosmétiques pour avoir des moustaches ! Elle s'est affranchie du corset, de la robe longue... cette robe longue dans laquelle sa mère, dès quinze ans, avait eu tant de hâte de s'empêtrer ! de ce cachemire dont on se faisait une fête de s'envelopper pour paraître une *madame*, c'est-à-dire plus vieille.

La fille est plus pratique, elle connaît mieux le prix de la jeunesse... Ce qui chagrine la maman, c'est qu'en s'affranchissant de « tout ce qui la gêne... » elle tente aussi de s'affranchir... du mariage et même de ses parents... Mademoiselle, qui n'a jamais été contrariée étant petite, ne supporte aucune contrainte; elle entend faire ce qu'elle veut et ne se gêner en rien. C'est elle qui régente la maison, qui décide des autres et d'elle-même. Cette éducation ne l'a pas empêchée de devenir jolie et d'être intelligente : elle le sait, et elle se fie là-dessus ; mais, comme l'expérience lui manque, elle commet pas mal de sottises et n'est pas prise au sérieux par les gens sensés.

Son avenir inquiète beaucoup la chère maman, qui la voit incapable de se conduire toute seule et ne voulant pas de guide.

Parfois la mère *bien élevée* hasarde une observation.

« Ma chère enfant, réfléchis donc un peu, raisonnons ensemble... La vie a un côté sérieux qu'il faut envisager...

— Oh ! maman, je t'en prie... marche avec le siècle ! Tu ne comprends pas du tout la vie actuelle, tu n'es pas pratique... Vois-tu, maman, moi, je suis *dans le train,* toi, tu es du *vieux jeu!*

— Ah ! voilà qui est tout à fait *vlan !* » s'écrie le frère dans un coin.

La mère reste *abasourdie* et doucement lève les yeux au ciel !

LE BRUIT QUI COURT

> Il court, il court, le furet...

Vous connaissez, n'est-ce pas, ce charmant jeu enfantin ? On enfile une petite bague dans une ficelle fermée en rond; les enfants s'asseyent en rond aussi, et chacun tient la corde dans ses mains, se faisant passer la bague les uns aux autres vivement, de façon que celui qui est au milieu ne puisse jamais voir où elle est ni l'attraper. C'est en vain qu'il se jette de ce côté, voici qu'il entend qu'elle est derrière lui; il y court aussitôt, ouvre les petites mains où il est sûr de la trouver ! baste ! il y a longtemps qu'elle a filé à côté; et pendant ce temps les voix railleuses répètent en chœur, en agitant la corde et les mains :

> Il court, il court, le furet,
> Le furet du bois, Mesdames;
> Il court, il court, le furet,
> Le furet du bois joli.
>
> Il a passé par ici,
> Le furet du bois, Mesdames;

>   Il a passé par ici,
>   Le furet du bois joli.
>
>   Il court, il court, le furet,
>   Le furet du bois, Mesdames ;
>   Il court, il court, le furet,
>   Le furet du bois joli.

Et puis, lorsqu'à force d'attention, avec l'aide de l'impatience et du dépit, la bague est enfin saisie, aussitôt toutes les petites mains lâchent le fil, les enfants s'enfuient en courant, et l'enfant qui était au milieu, sa corde et sa bague à la main, n'est souvent pas assez habile pour retenir personne.

Ce jeu enfantin, très gai, très folâtre, est l'image du *bruit qui court*. L'avez-vous jamais saisi, ce *bruit qui court*, ce bruit en l'air? Vous croyez qu'il vient par ce côté, que vous allez pouvoir l'étouffer; mais aussitôt vous l'entendez plus loin : déjà on prétend ne plus le connaître ici. D'où vient-il? nul ne le sait; qui le produit? impossible de le savoir. Cependant il existe! il court, il se répand, il passe des uns aux autres, et quand, enfin, vous mettez la main dessus, crac! plus personne, tout le monde se sauve! Et vous restez votre bruit dans la main!

Ah! ces bruits qui courent, comme ils vous tuent bien une femme ou un homme, une réputation ou une fortune!

« Vous savez mademoiselle une telle? elle...

— Bah ! qui est-ce qui a dit cela?

— C'est un bruit qui court.

— La maison une telle va faire faillite.

— Bah ! qui est-ce qui a dit cela?

— C'est un bruit qui court.

— Vous connaissez madame une telle? il a couru bien des bruits sur elle, il y a quelques années.

— Des bruits? quoi?... mais encore?

— Eh bien, toutes sortes de bruits!

— Les affaires ne vont pas, le bruit court que nous allons avoir la guerre. »

Mme de Sévigné disait dans ses lettres à Mme de Grignan : « C'est une chose étrange que les mauvais bruits qui courent de lui », et « Le bruit court que je vais en Provence »; enfin, il n'y a pas bien longtemps, dans un procès retentissant, le général X*** disait qu'il n'avait fait que répéter des « bruits en l'air ».

Des bruits couraient depuis quelque temps contre un officier de notre armée. Le général X*** a bavardé au sujet de ces bruits avec un journaliste. Celui-ci a répété la conversation dans un journal. L'officier attaqué a riposté par un procès en calomnie qu'il a gagné ; mais je ne sais s'il n'a pas joué là un peu à qui *gagne perd*, car il a été obligé de faire connaître des faits intimes, donnant ainsi un corps à d'autres bruits, non pas à ceux qui couraient sur son honorabilité à lui. Cependant il n'empêchera pas qu'on ne dise dans vingt ans : « Oh ! c'est un tel ! Il a couru des bruits sur lui à telle époque ! »

Quant au pauvre journaliste condamné qui a été happé à ce jeu du furet par l'officier, il n'a pu se dégager et a été pris ; tandis que le général X***, qui lui avait glissé le *furet* ou le *bruit*, il n'y a rien eu à lui dire : c'étaient des bruits en l'air qu'il avait répétés dans une conversation particulière, ce qui a lieu cent fois par jour.

Je ne prends parti pour personne dans cette affaire, je n'en parle qu'à cause de l'exemple offert par elle à l'appui de ce que j'avance.

Ceux qui mettent des bruits en circulation se doutent généralement du mal qu'ils font ; ils ont un motif pour le faire, motif d'intérêt personnel qui est leur excuse, si toutefois il y en a à faire du tort à son prochain ; mais ceux qui répètent ce bruit simplement pour le plaisir de bavarder, ou de paraître bien informés, ne se doutent pas, ceux-là, des malheurs, des ennuis qu'ils peuvent causer, et qu'il ne leur serait même plus possible d'enrayer, car un *bruit* une fois lancé, c'est comme un mauvais air, un air pestilentiel qui se répand, il est impossible de le ressaisir pour l'arrêter.

Dans ce procès, on retrouve cette phrase insipide que les niais ont toujours à leur disposition pour s'excuser : « Je ne savais pas, moi, a dit un des témoins, que cela eût tant d'importance, sans quoi je ne l'aurais pas dit ! »

En résumé, tâchons qu'il ne coure sur nous que de bons bruits, car ils font aussi bien leur chemin que les mauvais ; ils s'implantent et restent souvent plus longtemps qu'ils ne valent. Ne prêtons pas une oreille trop facile aux bruits qui courent, songeons au patient, au milieu du rond, à ses inquiétudes, pendant qu'on répète gaiement en chœur à ses oreilles :

> Le furet du bois joli,
> Il court, il court, le furet !
> Il a passé par ici !

L'ESPRIT DU JOUR

L E mot *esprit* est en lui-même un peu comme ce qu'il représente, élastique, subtil, difficile à saisir dans ses significations. *Être spirituel* n'est pas du tout la même chose qu'*avoir de l'esprit*, et surtout l'*esprit de logique*, l'*esprit des choses* ; être spirituel signifie plutôt avoir de la présence d'esprit, la repartie prête, la saillie vive; on peut être très instruit, savant profond, sans être spirituel.

Et cependant il est bon de faire encore une autre distinction : il serait malheureux de confondre « l'esprit du jour » avec « être spirituel ». Le premier est celui qui court les rues, c'est le *mot* qui a du succès et qui se répète partout.

Mince alors! — Vous me la faites à l'oseille! — Ous qu'est mon fusil! (Vieux.) *— On dirait du veau... cru!* (Dernier genre.) C'est l'esprit du jour, non seulement parce que ces locutions datent du moment, mais parce qu'elles entrent bien dans le genre d'esprit qui plaît aujourd'hui, esprit gouailleur, réaliste, facile : car, dans le fond, trouver ces mots drôles qui font rire ne demande pas grande conception, mais une simple habitude, et surtout la contagion de l'exemple.

Au bout de quelques jours d'exercice, ces tournures de phrases viennent toutes seules, et le premier gamin de la rue, sortant de l'atelier, en remontre facilement à l'échotier le plus habile.

Un caractère spirituel est celui qui ne tombe pas dans l'esprit du jour, mais sait mettre dans ses répliques des intentions fines, légèrement railleuses, et ne se laisse pas prendre sans vert.

Dans la *Vie parisienne,* cette publication si... fashionable depuis tant d'années, mais dans laquelle j'espère bien que mes jeunes et innocentes lectrices ne jettent jamais les yeux, on s'amuse parfois à prêter aux uns et aux autres des phrases soi-disant dans leur caractère. Le spirituel rédacteur n'a pas dédaigné mon humble personnalité, et, un jour, a mis la pensée suivante sous la signature de Mme Louise d'Alq, entre une pensée de M. Grévy et une de Sarah Bernhardt (c'était me faire, Messieurs, beaucoup d'honneur!) :

Une maîtresse de maison doit savoir faire rouler l'entretien sans jamais écraser personne.

Eh! je voudrais l'avoir dit! et j'en accepte la responsabilité.

Une personne spirituelle ne doit jamais aller jusqu'à l'écrasement, mais elle doit aussi, par-dessus tout, éviter la banalité; une anecdote, un bon mot déjà connu perd toute sa saveur. C'est ce qu'on appelle l'esprit des autres. Quantité de gens ont une merveilleuse aptitude à s'emparer de cet esprit, qu'ils puisent un peu partout, et arrivent à se faire une réputation usurpée et à régner « comme les borgnes dans le royaume des aveugles »; mais ils ne sont pas admis par les clairvoyants, soyez-en bien sûrs !

Les *jeunes* sont portés, quand ils rencontrent un *mot*, à le croire neuf parce qu'ils l'entendent pour la première fois; ils se l'approprient et le répètent, se figurant qu'en tout cas il est peu connu. Sans avoir atteint l'âge de Mathusalem, je retrouve des *échos*, dans les journaux les plus autorisés, rabâchés partout depuis vingt ans ! je m'en sauve avec horreur, mais je connais des gens qui s'en délectent et croient que « c'est arrivé ! » (formule en usage, voulant dire ici qu'ils croient que ces *mots* ont été inventés par ceux qui les écrivent).

Puisque j'ai parlé de l'esprit du jour, je veux terminer en dénonçant deux expressions parisiennes qui ont été nouvelles dans leur temps d'actualité, et qu'il serait dommage de ne pas conserver. Elles sont si bien dans la note. Au lieu de dire qu'un tel a « une araignée dans le plafond », phrase démodée, on dit : « Il est *sarahbernardisé* » ; et, lorsqu'un affolé quelconque a tiré un coup de revolver sur celui-ci ou celle-là, on s'écrie : « Il l'a *clovishugué !* » Voilà deux nouveaux verbes que la grammaire Noël et Chapsal ne nous avait pas appris à conjuguer. Le Dictionnaire de l'Académie s'enrichira facilement, si l'on continue dans ce sens ; seulement, il est à craindre que cette richesse ne soit que du ruolz !

LES PARADOXES

L'AXIOME s'établit sur une vérité démontrable ; le paradoxe est simplement une opinion extraordinaire contraire à l'opinion commune.

Il y a un genre d'esprit tenant de l'*esprit du jour* et de l'*incohérence*, qui a cours dans le monde, et surtout dans le monde des artistes, des gens spirituels, qui n'a pour base que le paradoxe. Il s'agit, pour avoir cet esprit-là, de s'appliquer un peu, comme il y a des gens qui s'appliquent à déchiffrer les rébus et à faire des calembours. Ce n'est pas le vrai esprit, l'esprit sérieux, celui qui arrive par la science et qui est obligé de s'appuyer sur des axiomes.

En France, nous brillons beaucoup par le paradoxe : quand nous avons découvert une idée bien biscornue, qui va stupéfier notre auditeur, nous sommes enchantés ; nous nous en emparons, et nous allons la répétant partout.

Or, le paradoxe est d'autant plus extraordinaire et stupéfiant qu'il va davantage à l'encontre du bon sens. De là proviennent les absurdités qui se propagent, et les paradoxes passent à l'état d'axiomes par le désir de prouver la vérité de ce qui est avancé.

On dit : « Je préfère les méchants aux bons, les gens sots aux spirituels, etc. » C'est très drôle comme paradoxe; on tâche d'en faire des axiomes en en démontrant la vérité, en expliquant ceci et cela, en citant des exemples qui ne sont, après tout, que des exceptions. L'esprit..., paradoxal s'entend, vivifie l'intelligence..., mais il étouffe le cœur! Pour avoir ce genre d'esprit, qui consiste à savoir appliquer immédiatement la réplique, soit par le sarcasme, soit par le mot propre, il ne faut pas être retenu par la crainte de faire de la peine ou de nuire.

C'est, la plupart du temps, un esprit très banal, et les mots sont souvent récoltés çà et là, puis placés plus ou moins à propos. Au besoin, on fait naître l'occasion de les placer, quand on en tient quelques-uns, pris dans le journal du matin ou autre recueil moins connu. Il est difficile d'avoir une conversation sérieuse et sentie avec les personnes qui ne cherchent qu'à lancer un trait, et qui ne voient dans une phrase que le moyen de placer un mot qui porte.

Il est donc reçu de faire parade des défauts les plus affreux, tels que « n'avoir pas de cœur », et de se « moquer de la vertu »; et cependant, essayez de dire à ceux qui se vantent ainsi à leurs dépens qu'ils ne sont pas vertueux et sont des égoïstes, ils se révolteront. Néanmoins le mal est fait par leurs paroles, la graine est ensemencée et pousse dans l'âme de ceux qui les entendent, et surtout des enfants.

Les paradoxes les plus horribles fourmillent aux oreilles enfantines : « Rendre un service, c'est faire un ingrat », par exemple, est répété à tout instant. Eh! bon Dieu, c'est vrai, cela arrive souvent; et cependant nous aimons bien qu'on nous rende service! Pourquoi ne pas se plaire à répéter, au contraire : « Soyons reconnaissants du moindre service qu'on nous rend! » Mais non, cela nous rappellerait une vertu que nous ne voulons pas pratiquer, tandis que le premier axiome, car c'en est un véritable, trop facile à prouver, nous présente à l'idée ce qu'il nous plaît beaucoup de faire, ne pas rendre de service et être ingrat comme les autres. Nous nous habituons ainsi à ne penser qu'au mal, à ne croire qu'au mal, et, l'esprit d'imitation étant si fort chez l'homme, le bien étant ainsi sorti de son esprit, convaincus que les autres n'agissent pas autrement, qu'il serait même maladroit et sot de le faire, nous laissons le mal se propager.

Dès l'enfance, on entend aussi répéter par les parents, qui ne le disent que par excès d'amertume, mais sans y croire sérieusement : « Il n'y a que les gens sans cœur, sans foi, sans honneur, qui réussissent. »

L'enfant, qui veut réussir, à qui on fait la loi et le devoir de réussir, se promet alors d'agir ainsi; et cependant, en raisonnant froidement, mettant de côté toute jalousie, toute envie, toute partialité, on s'aperçoit que, si parfois des gens sans foi et sans honneur réussissent, ils ont bien d'autres qualités pour les aider.

C'est l'usage aujourd'hui de dénier toute capacité à celui qui réussit. Il est de règle de supposer que l'on n'arrive qu'à l'aide de subterfuges et de moyens illicites. Du talent, on n'en a plus, sauf celui qui vous parle cependant : soyez sûr qu'il fait exception pour lui, et tout le dénigrement qu'il fait des autres n'a pour but que de prouver qu'il mériterait plus qu'un autre ces faveurs qu'il leur conteste.

On parle beaucoup de charité d'une part, et presque toujours par charité on entend « aumône »; on renie tout sentiment du cœur. D'autre part et en résumé, l'esprit de charité disparaît de l'éducation des enfants, où les parents le remplacent avec soin par celui de l'égoïsme, croyant en toute sincérité faire leur bonheur.

C'est là une thèse sur laquelle je me sens prête à revenir sans cesse, quoiqu'elle soit bien ingrate et que mes lecteurs soient portés, peut-être pour un grand nombre, à me prendre en pitié d'être encore assez naïve pour oser réfuter des arguments appuyés sur des bases aussi évidentes. « C'est absurde, ridicule, commun, d'avoir de l'enthousiasme au risque de le mal placer; de croire à l'amitié, à la sincérité, au risque d'être trompé et déçu, et de s'imaginer, comble de la naïveté ! qu'il vaille la peine de s'intéresser à autre chose en ce monde qu'à l'argent; de trouver que la gloire peut marcher sans or, lorsque tant de gens affirment qu'avec cet or on peut tout se procurer !... » tout, hormis le bonheur et la jouissance que procurent seuls la charité inépuisable, prise dans toute l'acception du mot, et le travail ! la charité, c'est-à-dire l'amour de son prochain, la bonté essentielle allant jusqu'au dévouement, à l'intérêt réel, au besoin d'être utile sans s'inquiéter si l'on en sera récompensé par de la reconnaissance ou de l'ingratitude; la charité d'esprit consistant à ne pas dénigrer et critiquer pour le plaisir malin de l'oreille de son voisin.

Voilà ce dont il faudrait que les enfants fussent bien persuadés, et je crois que les parents n'auraient qu'à se féliciter les premiers, pour eux-mêmes, dans leur vieillesse, de ce fond d'éducation; ils auraient bien moins souvent à se plaindre de l'égoïsme, du sans-cœur de leurs enfants, qui n'attendent que leur héritage. Ce n'est pas étonnant, puisqu'on leur enseigne à considérer l'argent avant tout!

De plus, leurs enfants seraient encore plus heureux, car, en étant bon et charitable, on est beaucoup plus aimé et beaucoup plus à l'abri des souffrances morales. Ceci peut sembler un paradoxe, et je me fais fort de démontrer que c'est un axiome; à tout prendre, ce serait, en passant, un paradoxe moral, contre les paradoxes malsains, si nombreux, qui sont en cours!

LE PARTI PRIS
ET
LE PARTI A PRENDRE

Sans vouloir imiter Sarcey, ce grand critique universel, dont les décisions font loi, dans ce quart de siècle, en matière d'art et de littérature, et qui débuta dans la presse par des articles sur les locutions bizarres, j'ai déjà eu l'occasion de m'occuper de plusieurs de ces locutions peu logiques et en contradiction avec le sens propre du mot.

Dernièrement j'entendais une étrangère, convaincue qu'elle comprenait parfaitement la langue française, dire : « Mon mari a pris son parti, il est d'une injustice flagrante envers le monde. » Elle voulait dire que c'était chez lui un parti pris.

Dans le fond, rien ne se ressemble moins, comme signification, que ces deux petites phrases composées exactement des mêmes mots, et il est fort difficile à quiconque n'est pas rompu avec les délicatesses de notre langue d'en percevoir la légère différence à l'oreille.

Avoir un parti pris signifie tout simplement avoir un caractère borné, inaccessible aux raisonnements.

Il n'y a pas comme le caractère français pour être imbu du parti pris. L'obstination allemande s'empare d'une résolution et ne s'en départ plus. C'est l'entêtement dans toute son horreur; mais ce n'est pas encore là du parti pris. Celui-ci embrasse, en général, toute une légion de choses ou de gens, et les condamne aveuglément sans admettre la moindre considération, le plus petit examen en leur faveur.

Prendre son parti d'une chose est au contraire d'un cerveau très sage : c'est ne pas lutter contre l'impossible ; c'est savoir se résigner, se mettre au-dessus, et avoir le courage de marcher bravement. Que d'ennuis et de contrariétés nous évitons quand nous savons prendre notre parti !

Il y a des gens qui, par parti pris, affirmeront qu'il a plu quand il a fait sec et s'en tourmenteront autant que si c'était. Tandis que ceux qui en auront pris leur parti n'auront pas eu à en souffrir.

C'est surtout en matière sociale que le parti pris est terrible. S'agit-il de politique, de religion : c'est un parti pris ; ils verront tout en beau de leur côté, tout en noir chez leur voisin ; on entend les déclamations les plus absurdes, émanant des gens qui semblent d'ordinaire avoir leur bon sens.

Cela s'appelle aussi l'*esprit de parti*, et La Bruyère nous dit : « L'esprit de parti abaisse les plus grands hommes jusques aux petitesses du peuple. »

Si l'on prend le mot dans le sens de décision, en supprimant le pronom *en*, et si l'on a pris un parti, au lieu d'en prendre son parti, nous y retrouvons encore l'obstination obtuse. Bien des personnes croiraient s'abaisser de revenir sur ce qu'elles ont dit. Elles en aperçoivent parfaitement le côté fautif, elles en voient l'absurdité, elles ont appris des considérations qu'elles ignoraient et qui modifient complètement leur opinion. Il n'importe ! Tout périsse plutôt que le principe ! Elles iront jusqu'au bout. Elles perdront leur procès, si un procès en est la solution ; elles ruineront leurs espérances, si celles-ci sont en jeu ; elles rendront les autres malheureux et se tortureront elles-mêmes : n'importe ! elles mettront leur gloire où se trouve précisément leur faiblesse, croyant montrer de la force de caractère là où il y en aurait précisément davantage à céder.

C'EST FAIT POUR MOI !

« Il n'arrive qu'à moi des choses pareilles... c'est fait pour moi ! »

Voilà ce qu'on entend de tout côté, quand il arrive une contrariété ; c'est si naturel de trouver ce qui nous arrive bien plus touchant, bien plus important que ce qui arrive aux autres !

Ainsi, moi qui vous parle, voyant un temps superbe hier, pendant que j'étais retenue à la maison, j'ai formé le projet de sortir aujourd'hui. Eh bien ! aujourd'hui, une pluie diluvienne a commencé à tomber dès ce matin et ne cessera que ce soir ! Cela ne pouvait pas manquer ! Demandez aux enfants, aux employés dont le dimanche est le jour de sortie ; ils vous diront qu'il pleut bien plus souvent le dimanche que d'autres jours. C'est fait pour eux ces choses-là !

Vous avez sollicité une invitation à une fête délicieuse, une de ces solennités où l'on est classé si l'on est admis. Vous avez commandé une toilette ravissante qui arrive à point ; tout est prêt... et la carte d'invitation n'est pas arrivée ! Qu'est-ce qu'il y a eu ? Un de ces accidents qui n'arrivent qu'à vous, bien certainement ; l'enveloppe où elle se trouvait a glissé par terre de la table de votre concierge où le facteur l'a posée, et on ne la retrouve que le lendemain en balayant.

Si vous envoyez à une liste de souscription pour une bonne œuvre, vous êtes sûr que votre nom sera omis sur la liste, entre deux mille autres qui y figureront.

Le mal est qu'on s'imagine toujours être seul à qui pareil fait arrive. On ne songe pas que la pluie qui contrecarre vos projets contrarie aussi ceux de milliers de personnes, que chacune des circonstances dont vous vous plaignez arrive à la même heure et au même moment à d'autres aussi, car il n'y a jamais un fait unique sur cette terre.

Il est vrai que vous vous croyez seul atteint, parce qu'autour de vous ne se rencontrent pas les mêmes circonstances ; et vous m'objecterez, si en sortant vous vous cassez la jambe, que toutes les autres personnes qui sortent autour de vous ne sont pas victimes du même malheur ; fort heureusement le mal, le malheur, n'est pas aussi commun que le bien, mais soyez sûr qu'il fait le tour... malheureusement... et que personne n'est épargné ; à un moment donné le coup de l'aile du moulin arrive selon que le vent tourne, mais il arrive toujours.

DE L'ÉMOTION EN PUBLIC

L'ÉMOTION est la fleur de l'âme, sa quintessence; elle trahit le sentiment le plus subtil, le plus personnel... en admettant naturellement qu'elle soit vraie... Les personnes qui ressentent de l'émotion devant autrui font en général tous leurs efforts pour la dissimuler, car il n'est pas un sentiment qui ait une pudeur plus sensible que celui-là. Plus une émotion est sincère et noble, plus elle cherche la solitude, ou tout au moins ne se fait jour qu'avec un être aimé, à qui on ose montrer sans voile l'état de son âme.

Pour reconnaître si une émotion est sincère, on peut donc prendre pour base si elle est contenue ou étalée. Une émotion dont il est fait montre, dont on se pare, est, la plupart du temps, une émotion jouée. Cependant il y a des femmes qui n'ont pas besoin de simuler; par leur tempérament nerveux et hystérique, elles jouent leur rôle au naturel, pleurent, ont des attaques de nerfs, s'indignent avec véhémence ou s'attendrissent avec effusion. Elles sont convaincues, dans le moment, que la chose a existé! Elles en éprouvent réellement l'émotion, sans en avoir la pudeur, et, comprenant instinctivement le parti qu'elles peuvent en tirer, elles s'y abandonnent sans souci du lieu où elles sont ni des personnes devant qui elles se trouvent; seulement cette émotion ne leur laisse aucune trace, et elles redeviennent parfaitement maîtresses d'elles-mêmes une minute après.

La véritable sensibilité cherche l'ombre, et la personne qui la possède est fort en colère contre elle-même, souvent, de se laisser toucher ainsi.

Quelle est la jeune fille qui n'enrage pas, c'est le mot, de rougir, c'est-à-dire de dévoiler les battements de son cœur, et par conséquent ses sentiments les plus secrets? Plus tard, elle enviera ce privilège, alors que l'âge aura rendu son front imperturbable, son teint impassible.

Bien des personnes, surtout les tempéraments blonds et sanguins, à la peau fine, ne peuvent empêcher le sang d'affluer à leur face à la plus légère émotion, et ça ne laisse pas d'être assez désagréable. J'ai vu des hommes qui se croyaient bien forts, bien capables de mentir de sang-froid, ne pouvoir commander à certains muscles de leur visage ni à leur coloris. Pour arriver à ce résultat, il faudrait être véritablement insensible, et il y a toujours en nous certaines fibres qui résonnent. Mais une chose absolument matérielle, à laquelle nous ne pouvons rien, la finesse de l'épiderme, la force du sang qui fait battre nos artères, ne nous obéit pas, et bien des femmes ne détesteraient pas de pouvoir montrer les émotions qui les agitent; mais elles ont comme une visière sur leur visage par leur teint brun et mat.

Au théâtre, dans les représentations dramatiques ou de haute comédie, il est fort désagréable de se sentir attendri, d'abord parce que ça congestionne, occasionne un mal de tête parfois, dépare la plus jolie figure toujours; enfin, il n'est jamais agréable d'avoir des émotions pénibles, ou plutôt on en a assez dans la vie sans s'en procurer de factices. Tout le monde ne pense pas ainsi, puisque les drames ont un auditoire nombreux qui sanglote le plus sincèrement du monde sur les malheurs du héros ou de l'héroïne.

Mais il y a une émotion délicate, qui vous mouille les yeux quand vous entendez une fine comédie, une pièce de vers bien dite, ou autre part qu'au théâtre, devant une belle scène de la nature, quand votre souvenir vous représente une similitude, un regret ou un espoir de votre passé ou de votre avenir.

Il n'y a pas à rougir de laisser voir une émotion

dictée par une noble pensée, il n'y a pas de honte à montrer que l'on sent. Et cependant la véritable émotion est celle qui se dissimule le plus. Se méfier de celle qui ne se cache pas !

Ce serait une grande erreur de juger d'une manière absolue des sentiments par l'émotion montrée. Par exemple, on entend dire fréquemment après des visites de condoléances : « Oh ! il ne pleure déjà plus ! il cherche à se distraire ! » Après la perte d'un être aimé, d'abord il y a des personnes qui conservent leurs larmes, ce qui même les fait beaucoup plus souffrir que si elles pleuraient ; ensuite, la source des larmes se tarit : on pleure un jour, deux jours, mais il faut quelques heures de répit pour que la source lacrymale se recompose.

Les amis arrivent. Eux qui n'ont pas pleuré sont tout émus de nous voir vêtus de noir, et les voilà attendris. Nous, au contraire, nous sommes en quelque sorte distraits, et nous ne pouvons plus pleurer. De là, accusation d'indifférence. J'ai vu cet exemple fréquemment. Dans une visite de condoléance, les visiteurs paraissent avoir plus de chagrin que les parents du défunt ; la vue de cette famille en grand deuil, enveloppée de crêpe, la pensée de tout ce qu'ils ont perdu vous impressionne, et vos sentiments ne sont pas encore émoussés, tandis qu'eux ont déjà donné cours à la première affliction, et ils sont bien obligés de continuer à vivre. Les pertes le plus cruellement ressenties n'ont pas été oubliées, loin de là; mais mille intérêts divers tiraillent de tous côtés et viennent forcément faire diversion.

Encore se raidit-on souvent contre l'émotion, et de cette façon on donne mauvaise opinion au public : c'est pourquoi il est préférable de se soustraire autant que possible à ce qui est une corvée de toutes les façons : si l'on montre ce qu'on éprouve, le monde vous traite de poseur; si l'on se concentre, il vous trouve indifférent.

Et cela, non seulement dans les événements tristes, mais dans d'autres plus gais, ou de sentiment. Se dérober aux observations d'un public plutôt disposé à la malveillance ou à la malignité est ce qu'il y a de moins embarrassant, et *être sincère*, ce qui est toujours le plus sûr... dans le bonheur comme dans l'affliction.

TOUT CHANGE

L'IMMUTABILITÉ n'est pas de ce monde : il ne faut donc pas s'étonner si nous changeons... aussi bien au moral qu'au physique.

Je suis toujours agacé lorsque j'entends dire de quelqu'un :

« Oh! il a bien changé, il n'a pas toujours parlé ainsi!... il ne se souvient donc plus de ce qu'il a fait ou dit il y a dix ans, vingt ans! »

C'est absolument comme si l'on disait : « Pourquoi a-t-il des cheveux blancs et des rides? »

On change de peau, on change de sentiment, on n'envisage plus les choses de la même façon, on les apprécie tout autrement. Aussi est-ce surprenant que l'on fasse un crime de changer d'opinion ou de manière de voir. Certes on ne change pas d'un jour à l'autre, mais, par l'étude, par le savoir qu'on acquiert, on découvre de nouveaux horizons; la position sociale change aussi la valeur de l'appréciation. L'âge, le changement qui s'opère dans le physique, dans le tempérament, fait qu'on ne peut plus supporter les fatigues que l'on supportait autrefois; on ne trouve plus de plaisir aux mêmes distractions; l'estomac même ne peut supporter les mêmes aliments, il en exige d'autres. Ce n'est pas toujours qu'on en vaille mieux; physiquement on vaut pis, bien sûr; mais l'expérience apprend bien des choses forcément.

On se croit toujours très savant, quelque âge qu'on ait; tel qui s'est cru bien sérieux à vingt-cinq ans, et l'était réellement, — pour son âge, — se juge à quarante tout autrement. En vieillissant on apprend la patience, la modération : tel qui était suffisant, violent, fat, orgueilleux, devient souvent plus modéré.

Ce n'est pas toujours le tempérament qui se calme, l'effervescence du sang qui s'affaiblit, c'est le combat du monde, les épreuves de la vie qui nous ploient. On est plus amer, plus aigri, mais moins arrogant. Jeune, on est plus sincère, plus confiant, plus enthousiaste; quelques-uns s'adonnent à des erreurs en vieillissant, mais en somme il ne faut pas s'étonner des changements nouveaux qui ont lieu et ne sont que la conséquence des années.

Le fond du caractère reste néanmoins, la plupart du temps, le même. C'est la surface qui se modifie : un caractère gai, léger, futile, ressort même sous les cheveux blancs, et à travers les maladies et les peines morales, aussitôt qu'il trouve le moindre joint pour le faire.

MANIÈRES D'AIMER

Je lisais dernièrement un article de psychologie très profond où l'auteur finissait par prouver qu'il faut être égoïste pour aimer beaucoup. Évidemment notre langue est pauvre ; non que je voudrais seulement deux mots comme en anglais, en allemand, en espagnol, où l'on ne se sert pas de la même expression pour dire « aimer le gigot », ou « aimer sa mère », mais j'en voudrais deux, un pour exprimer l'amour personnel pour soi, et l'autre pour exprimer l'amour de charité qui aime pour celui qui est aimé.

L'égoïste aime d'autant plus fortement que c'est son intérêt personnel qu'il défend ; très souvent on dit avec étonnement de quelqu'un : « Comme il l'aime ! et cependant il ne fait rien pour l'objet de son amour ! »

Mais je découvre, en écrivant ces lignes, que les deux mots que je réclame existent ; seulement on ne s'en sert pas, ou on les confond l'un avec l'autre, comme il arrive si fréquemment de le faire pour d'autres.

Amour signifierait aimer pour soi, tandis qu'*affection* est plutôt l'expression du sentiment que l'on a pour quelqu'un. Affectionner quelqu'un, on le sent, c'est être capable de se dévouer pour lui, c'est être à lui, pour lui, et non s'aimer dans lui.

On entend fréquemment une femme dire du même ton : « J'adore le bal, je raffole de mon bébé, j'aime cette robe par-dessus tout, j'idolâtre ce petit chien. » Plaçant tout sur la même ligne dans son cœur, elle aime la robe parce que c'est celle qui lui va le mieux, le bal parce qu'elle s'y amuse, le bébé parce qu'il flatte son orgueil maternel, le chien parce qu'il la fait rire, et ainsi de suite. Mais que l'enfant exige le sacrifice d'un bal, que le chien vienne à la gêner, que la robe devienne vieille, et elle s'empressera de les abandonner. C'est très bien pour la robe et le bal, encore que je connaisse des femmes de cœur qui ont le culte des vieilles robes pour les souvenirs qu'elles leur rappellent, par un sentiment indéfini de reconnaissance et d'attendrissement. « Cette pauvre robe que j'avais trouvée si jolie, qui m'a valu tant d'aimables paroles, qui a été d'un usage si bon, qui a été témoin de tels et tels événements, il faut la mettre au rebut! »

Mais l'enfant et le chien?...

L'amour égoïste et l'affection dévouée, qui constituent deux manières d'aimer différentes, peuvent encore se subdiviser ; en ayant l'affection la plus sincère on peut mal aimer, par ignorance, par étourderie, par maladresse, par défaut de caractère, par manque de discernement.

« Aimez, aimez n'importe qui, ne serait-ce qu'un perroquet, mais aimez », disait Texeira de Vasanullos, Portugais de grand esprit.

L'amour a toujours un intérêt quelconque pour mobile ; il n'y a que l'amour maternel, c'est-à-dire l'affection, qui soit un sentiment tout à fait désintéressé. Aussi n'y a-t-il que cette affection sincère qui soit immuable. L'intérêt n'a pas besoin d'être pécuniaire pour exister ; la plupart du temps c'est une satisfaction personnelle ; à vrai dire, l'amour qui ne provient pas d'un instinct absolu risque d'être le résultat d'une illusion ; quand l'illusion cesse, l'amour s'évanouit ; dans l'objet aimé, on voit, on croit voir son *idée,* un jour on s'aperçoit que ce n'est pas du tout ce qu'on s'était imaginé, et on espère le trouver dans une autre personne. C'est pourquoi les gens qui ont l'imagination vive aiment beaucoup, mais pas longtemps. Et c'est ce qui prouve aussi que ce genre d'amour et d'amitié n'est pas pour l'objet en lui-même.

VOIR ET DIRE JUSTE

Ceci peut se résumer en un mot : *le discernement;* c'est la qualité la plus rare. Pour une personne que l'on rencontre possédant cette qualité, si simple et si naturelle cependant, quatre-vingt-dix-neuf divaguent littéralement, au point que la moindre émotion est susceptible de les conduire à l'aliénation.

Il y a des provinces de France qui sont portées naturellement par le climat à cette espèce d'exagération; le Midi surexcite les imaginations et fait voir plus grand, fait parler plus vite ses enfants.

L'amour-propre et la faconde des Marseillais, la blague de l'enfant de la Garonne font le sujet des *échos* les plus plaisants dans les journaux.

Mais, sans en arriver à ce point, on rencontre partout des gens qui ne savent pas voir juste moralement, de même qu'il y a des peintres qui *voient* mal physiquement, car tout le monde ne voit pas de même.

Dans un atelier, il y a des élèves qui copient leurs modèles toujours plus grands que nature, d'autres au contraire les copient plus petits.

De même pour le coloris : il y en a qui voient comme à travers un brouillard qui leur grise les tons les plus frais, d'autres qui mettent du rouge partout, d'autres encore mettent du bleu.

Au moral, le même phénomène se reproduit.

Il m'est arrivé fréquemment de trouver les choses toutes différentes de ce qu'elles m'avaient été décrites; une amie avait un salon d'une belle dimension ; une autre amie, qui était là, dit que son salon était tout aussi grand ; je vais chez cette dame, et j'entre dans un salon relativement petit. Je me demandais comment on pouvait avoir une appréciation aussi fausse ; je me dis que c'était peut-être moi qui me trompais. Pour me convaincre, j'obtins de mesurer les deux pièces ; effectivement l'une avait six mètres de côté, l'autre quatre mètres ! La différence était absolue.

Constamment on rencontre dans la conversation des exagérations très pénibles pour les gens raisonnables qui sont obligés de s'habituer à ne pas ajouter foi à ce qu'ils entendent, et très souvent les personnes qui exagèrent ainsi sont inconscientes. C'est un manque de justesse dans l'esprit; pour employer une locution vulgaire, on peut dire qu'elles n'ont pas plus le compas dans l'intelligence que dans l'œil.

Elles protesteront qu'elles ont fait ou feront quelque chose toute leur vie, tandis qu'elles ne l'auront fait qu'une fois ; mais elles croiront sincèrement que ce qu'elles disent est vrai.

Elles assurent ce qui leur fait plaisir qui soit, sans songer à ce qui peut aller à l'encontre. Que de fois une femme ou un homme, car les deux sexes sont également sujets à ce défaut que l'âge ne réussit même pas à corriger, nous assurent, par exemple, qu'ils possèdent un domestique de toute confiance.

Pour ne citer qu'un cas pour ma part, je connais une dame qui change au moins une fois, sinon deux par an, de femme de chambre, et chaque fois c'est toujours un trésor de fidélité, de dévouement et de perfection qu'elle a découvert. Quand elle réussit à la garder un an, elle en parle comme si elle l'avait depuis dix ans. A l'entendre, c'est une perfection, et elle, la maîtresse, est aussi une perfection. Si vous osiez vous permettre de signaler un défaut, vous seriez mal venu, et régulièrement, un beau jour, elle arrive me raconter ses désappointements. Le trésor est devenu une vipère ; la perfection, la créature la plus vicieuse, etc., etc., et c'est à recommencer.

Tout le mal et tout le bien sont également oubliés par ces esprits exagérés, et les plus dures leçons de l'expérience ne produisent aucun fruit.

LA RAISON

E N vérité, la raison peut-elle se donner à qui ne l'a pas ? Je le crois, quand celui qui en manque est encore très jeune ; mais il faut une grande persévérance dans la personne qui se charge de l'éducation, et qu'elle-même possède cette raison. Ici, j'entends parler d'un certain genre de caractère que possèdent grand nombre de gens qui vont et viennent librement, mais font dire d'eux : « Il a quelque chose là », et dont il est déjà question dans le chapitre précédent : *Voir et dire juste.* Ce sont des natures la plupart enthousiastes, intelligentes, charitables, non vicieuses, aimantes, mais... il y a une lacune dans leur cerveau, évidemment. Il ne s'agit donc pas d'esprits mal tournés, ni dépourvus de moyens, ni ayant des défauts ; il y a là un cas pathologique évident et bien malheureux, car le plus souvent ces caractères sont cause de désastre pour eux et ceux qui les entourent. Ils ne voient pas les choses telles qu'elles sont ; ils n'entendent pas les mots qu'on leur dit ; mais ils voient et ils entendent soit ce qu'ils désirent, soit ce qu'ils craignent, selon la disposition de leur névrosité du moment.

« Combien peu d'êtres raisonnables cultivent en eux le don sacré de la raison ! La grande majorité cultive la terre, les autres ne cultivent rien. La raison reste stérile et enfouie...

« La raison est un germe, mais non développé... et parmi ceux qui développent un peu le germe de la raison, comment se fait le développement [1] ? »

Pour quelqu'un de sensé, il n'y a rien de pénible comme d'être accolé pour la vie à de tels caractères.

Il n'y a pas moyen de les raisonner, quoiqu'ils se laissent persuader aisément, si l'on entre dans leurs vues.

Ils vous assureront quelquefois, et pour eux ce sera vrai, que le blanc est noir, que le beau est laid ou le laid beau, qu'il fait nuit en plein jour. Il n'y a jamais à compter sur eux ; ils vous font les plus belles promesses, vous donnent les affirmations les plus sincères ; mais autant en emporte le vent, non qu'ils soient menteurs, car ils croient réellement être dans le vrai.

Et cependant que de mal ils peuvent faire à leur insu !

Je connais une personne qui est ainsi ; elle parle

---

1. Introduction à la *Connaissance de Dieu,* du P. Gratry.

à tort et à travers ; il faut bien se garder de prendre au mot ce qu'elle dit. Un jour, elle rencontre chez une amie une Mme D..., qui ne connaissait pas son genre de caractère, et elle lui raconte qu'elle vient de rencontrer M. D... dans telle rue.

« C'est impossible, ce n'est pas lui, il m'avait dit partir ce matin pour la campagne », répond la dame.

L'autre assure que c'est bien M. D..., qu'il l'a même saluée, qu'elle l'a parfaitement reconnu, etc.

La pauvre femme fait le soir une scène à son mari, qui jure ses grands dieux qu'il est allé à la campagne. De parole en parole, la discussion s'envenima. Des petits reproches on en vint aux grands...

Quinze jours après, les deux dames se rencontrent de nouveau ; puis, entre un jeune homme ne ressemblant en aucune façon à M. D..., blond au lieu d'être brun, grand au lieu d'être petit.

« Ah ! chère Madame, comme vous marchiez vite sur le boulevard des Invalides, il y a quinze jours, quand je vous ai rencontrée ! quel mauvais temps il faisait !

— Ah ! oui ; j'allais voir ma mère malade ! et ensuite je venais ici. »

Puis elle se tourne vers Mme D... :

« C'est le jour que j'ai eu le plaisir de vous voir.

- Le jour où vous avez rencontré mon mari?

— Je n'ai jamais rencontré votre mari!

— Comment! vous m'aviez dit...

— Ah! oui, je me rappelle! vous me disiez qu'il était à la campagne. Oh! quelle sottise j'ai faite là! J'ai confondu M. D... avec Monsieur. Oh! mille pardons! »

Ces têtes folles commettent ainsi une foule de bévues, elles croient en être quittes pour dire : « Je me suis trompée! » Ce qu'il y a de plus désagréable, c'est qu'elles soutiennent leur dire jusqu'à preuve du contraire. Elles ne connaissent la valeur ni des mots ni de l'argent.

Elles exagèrent le bien comme le mal; leurs appréciations n'ont aucune justesse, c'est la bosse du discernement qui leur manque.

« Tout esprit développé avec disproportion est un esprit faux, comparable à ces miroirs sans symétrie qui ne peuvent rendre que des images difformes des objets [1]. »

---

1. Bacon.

LA PERSONNALITÉ

L'ORIGINALITÉ ET L'EXCENTRICITÉ

Dans notre siècle... — C'est une habitude, je crois, que l'on a de croire toujours qu'à l'époque où l'on est les choses se passent autrement que dans les temps passés !

On ne peut nier que, matériellement, les inventions modernes n'aient modifié bien des choses dans notre existence ; mais, à la manière de s'y prendre près, on n'a pas beaucoup avancé dans ce qui concerne le moral et les caractères. Les défauts et les qualités ont toujours été les mêmes ; lorsqu'on lit des écrits sur les mœurs, soit du siècle dernier, soit en remontant au moyen âge, soit même en allant chercher ses exemples dans les classiques grecs et latins, on retrouve les mêmes maximes qui nous prouvent que nos ancêtres ont passé par les mêmes déceptions ou éprouvé les mêmes sensations que nous. Sous ce rapport, il n'y a pas progrès. Passons donc sur ce vieux cliché de parler de notre siècle, de nos jours, et de nous imaginer que jadis nos motifs de plaintes n'existaient pas. La personnalité existait probablement aussi, elle existe aujourd'hui, toujours comme exception puisqu'elle n'appartient qu'aux natures intelligentes essentiellement.

Il existe deux classes bien tranchées de caractères : ceux, très nombreux, qui ne savent qu'imiter les autres, n'ont pas d'idées à eux propres, ne sont que de pâles reflets, et ceux au contraire qui ont leur *personnalité*, c'est-à-dire sont eux-mêmes, ne copient personne, ont des idées prime-sautières. Ces caractères sont très appréciés des personnes intelligentes, car ils apportent dans la vie humaine un contingent de nouveauté ; ils rompent la monotonie, et, si parfois ils font bien du mal, il faut l'avouer, souvent aussi ils font un grand bien.

Malheureusement cette catégorie est gâtée par les *fausses personnalités*, c'est-à-dire par celles qui désireraient se distinguer du commun des mortels, mais qui, n'en ayant que le désir (ce qui est déjà quelque chose), et non les capacités, forcent la note : c'est la classe de l'*excentricité*, qu'il ne faut pas confondre avec l'*originalité*.

Pour m'en tenir à une comparaison bien féminine, prenons la toilette, par laquelle on juge du caractère d'une femme.

Il y a la masse qui suit la mode indistinctement comme les moutons de Panurge ; elles s'habillent en uniforme, prenant aveuglément ce que les autres ont pris ; il ne leur viendrait pas dans l'idée que l'on peut modifier la largeur du passepoil, la longueur d'un bout de ruban, la nuance indiquée de la description d'une toilette. Elles ont peur de la nouveauté, restent fidèles à la vieille coutume tant qu'elle existe.

Puis, à l'opposé, celles qui veulent à tout prix se faire remarquer et tombent dans l'excès, n'ayant pas cet esprit fin qui permet de distinguer le beau du laid. Celles-là croient qu'il suffit pour avoir un cachet personnel de faire autrement que les autres, plus que les autres.

Elles forcent la note, elles arborent le drapeau du mauvais goût ; elles font beaucoup de bruit, comme le vent, mais elles n'offrent pas plus de durée ni de solidité que lui.

On peut s'habiller sans excentricité, et cependant avec beaucoup d'originalité : celle-ci est artistique, elle est dans l'harmonie, elle est *elle*, mais sans bruit, et cependant il faut qu'on la remarque ; elle convient à la personne, elle s'harmonise avec elle.

Une personne originale pourra porter un chapeau très haut, immensément haut, beaucoup plus haut que ne le portent toutes les autres femmes ; mais, comme il s'harmonisera parfaitement avec sa structure et sa physionomie, on pourra la trouver originale, mais non ridicule ; au contraire, si c'est le chapeau plat qui lui convient, elle se coiffera d'une galette, et elle ne sera encore pas ridicule, tandis qu'une autre femme, qui voudra l'imiter, mais qui ne lui ressemblera pas, aura l'air de revenir du pays des fous !

Il y a un côté plus intellectuel que celui de la mode offert par la *personnalité*, c'est celui de l'esprit prime-sautier.

Sur la différence existant entre ces deux mots *inégalité* et *excentricité*, que l'on dit souvent l'un pour l'autre, on ne saurait trop appuyer auprès des femmes qui aiment à *se distinguer*, ou plutôt à se faire distinguer ; ce désir n'existe pas seulement à Paris et parmi les femmes très haut placées ; mais dans le village le plus obscur, chez la paysanne la moins éduquée, ce sentiment d'ambition de se faire remarquer, d'être autrement que les autres, se découvre. C'est le sentiment de *personnalité*.

Lorsque cette personnalité existe réellement, la personne qui la possède ne s'en doute généralement pas ; c'est instinctif chez elle. Les mots spirituels, drôles, les idées bizarres parce qu'elles ne sont pas celles de tout le monde, qu'elle émet, partent à son insu ; elle est *sincère*, et c'est là son grand charme. Les autres, qui veulent l'imiter, ne sont pas sincères ; c'est de la pose, et l'effort se voit.

La toilette est un des effets les plus visibles, chez la femme, de ce désir de se faire remarquer. Il y a très peu de femmes qui ne se flattent de ne pas être mises comme tout le monde.

J'en connais qui, avec cette idée, se mettent beaucoup plus mal que ce « tout le monde » qu'elles accablent de leur mépris, et elles feraient bien mieux de ne pas chercher à se singulariser autant; elles seraient fort étonnées si elles savaient ce que l'on dit, en arrière d'elles, de leur douce manie. Et que nos lectrices ne m'accusent pas d'hypocrisie, j'ai essayé quelquefois d'ouvrir les yeux à ces pauvres aveugles. Mais, comme chaque fois que l'on veut lever un coin du voile de la vérité, je n'ai réussi qu'à m'attirer des inimitiés féroces et qu'à leur laisser la conviction que j'obéissais sans aucun doute à un sentiment de jalousie. C'est là le grand « dada » de la femme offensée dans son amour-propre ; lorsqu'une autre femme ne l'admire pas aveuglément, « c'est la jalousie », tout est dit ; et le conseil, si sincère qu'il soit, même sous la façon la plus timide qu'il se formule, est rejeté sans scrupule.

Il est tout à fait inutile d'insinuer à une femme qu'un chapeau moins voyant, une coiffure plus... rangée, une tournure moins provocante lui siérait mieux ! Jalousie, jalousie ! Et il ne faut pas s'étonner si les personnes qui veulent être aimées tombent dans une approbation presque générale, puisque c'est un des plus grands moyens de plaire.

Pour en revenir à l'excentricité, les femmes de mauvais goût et de peu de sens tombent seules dans cet écueil. Je conseille, pour l'éviter, de commencer par se ranger au nombre du commun des mortels, sans chercher à trancher ; si l'on possède une véritable originalité, elle se fera jour d'elle-même, insensiblement ; un rien donne du cachet quand c'est naturel et pas forcé.

A Paris, on est bien moins excentrique qu'en province et qu'à l'étranger, parce que précisément on se préoccupe bien moins de sa propre personne. On est tellement habitué à passer inaperçu qu'on n'y pense pas du tout. La vraie Parisienne cherche à se montrer à son avantage autant que possible, qu'elle soit vieille ou jeune, mais sans se préoccuper de se faire remarquer. Beaucoup de femmes, jolies et spirituelles, sont originales dans le ton de leur esprit, dans leurs idées, dans leurs allures, dans leur démarche, dans leur mise, et elles seraient à peine remarquées dans la foule, tellement la nuance est délicate, fine, tellement le tout s'harmonise parfaitement ; si on les remarque, ce n'est pas la couleur de leur vêtement ou le brillant de leur ajustement qui attire le regard, on soupire d'admiration sur l'ensemble.

La femme vêtue avec excentricité fait sourire, on se retourne sur elle pour regarder ceci ou cela de sa toilette qui attire l'œil.

L'ESPRIT DE SOCIÉTÉ

Le mot *esprit*, lorsqu'il s'agit de celui qui est destiné à avoir cours en société, diffère de sens avec celui qu'on lui donne dans d'autres occasions.

Lorsqu'on dit : « Un homme de grand esprit », cela signifie plutôt un homme érudit, savant, très capable en sciences politiques, en littérature, comme Montesquieu, par exemple ; tout le monde sait que l'épithète de bel esprit s'applique aux gourmets en littérature, aux affectés en belles-lettres.

« Il y a bien de la différence entre un bel esprit, un grand esprit et un bon esprit, dit Fénelon : un grand esprit est un grand homme dont les pensées ont étendue, portée, profondeur, non sans générosité d'âme. Un bon esprit est un homme qui juge, apprécie sainement. »

« C'est une femme d'esprit... elle a trop d'esprit pour croire cela... » signifie une femme aux idées larges, accessibles aux grandes conceptions, instruite, et... ayant dépassé la trentaine ; une jeune fille ne peut être une femme d'esprit, elle n'a pas assez d'expérience.

Une femme spirituelle veut dire toute autre chose ; nous nous rapprochons ici de l'esprit de société ; pour être spirituelle, il n'est pas nécessaire de posséder une instruction approfondie, mais surtout d'avoir de la présence d'esprit, de la repartie, de ne pas rester à court.

« L'esprit, raison assaisonnée », nous dit J.-J. Rousseau. Mais les meilleures définitions du mot esprit, aux sens si nombreux que Littré, dans son Dictionnaire, ne lui consacre pas moins de dix colonnes, sont celles qu'en donne Voltaire dans son *Dictionnaire philosophique* :

« Ce qu'on appelle esprit, dit-il, en le prenant dans le sens de spirituel, est tantôt une comparaison nouvelle, tantôt une allusion fine ; ici, c'est l'abus d'un mot qu'on présente dans un sens et qu'on laisse entendre dans un autre ; là, un rapport délicat entre deux idées peu communes ; c'est une métaphore singulière, c'est une recherche de ce qu'un objet ne présente pas d'abord, mais de ce qui est en effet dans lui ; c'est l'art ou de réunir deux choses éloignées, ou de diviser deux choses qui paraissent se joindre, ou de les opposer l'une à l'autre; c'est celui de ne dire qu'à moitié sa pensée pour la laisser deviner. »

Et il continue : « Le mot *esprit*, quand il signifie une qualité de l'âme, est un de ces mots vagues auxquels tous ceux qui le prononcent attachent un sens différent; il exprime autre chose que jugement, génie, goût, talent, pénétration, étendue, grâce, finesse, et il doit tenir de tous ces mérites. » (*Dict. phil.* de Voltaire.)

Dans le monde, passent trop souvent pour avoir de l'esprit, ou pour être spirituels, les gens qui sont satiriques et médisants, et qui ne regardent pas à ce que leurs bons mots pourront écorcher en passant; le principal est d'être spirituel, d'amuser la galerie, et si l'écorché crie, eh bien ! tant mieux, cela fera plus de bruit !

La médisance entre pour beaucoup dans ce qu'on appelle l'esprit de société; n'est-on pas toujours sûr d'intéresser en jetant une pâture à l'envie et à la jalousie?

Mais c'est d'un pauvre esprit, et on en aperçoit bientôt le vide, si on le voit auprès d'un esprit profond; la banalité est malheureusement presque forcée en société. Mais, si l'on réussit à conquérir la réputation de spirituel avec des mots à l'emportepièce, des banalités qui courent les échos des journaux, il y a aussi l'esprit de société en prenant le mot *esprit* dans son sens propre. Cet esprit-là rend peut-être l'initiative difficile, mais il n'est pas malfaisant au moins, et il est indispensable à la vie commune, à la fréquentation du monde.

Être spirituel n'est pas une qualité très enviable ; faute de mieux, on peut s'en contenter ; mais, outre qu'elle nous fait beaucoup d'ennemis, elle s'effondre vite, elle fond devant le soleil de la véritable capacité. Mais avoir de l'esprit, c'est-à-dire des connaissances sérieuses et profondes, du jugement, du raisonnement, voilà ce que nous devons chercher à acquérir. Il ne faut pas dédaigner non plus un peu de cet esprit de société, tout banal qu'il nous paraisse être, puisqu'il nous permet de nous faire aimer et de vivre à côté de notre semblable, et non isolés comme des sauvages, avec notre trésor de science.

« Peu d'esprit avec de la droiture ennuie moins à la longue que beaucoup d'esprit avec des travers[1]. »

On confond souvent les différentes acceptions du mot avec instruction et éducation ; enfin, je termine par cette définition des esprits forts, dont l'explication est peu connue, mais bien amusante, bien vraie comme tout ce qui sort de la plume de mon moraliste préféré :

« Les *esprits forts* savent-ils qu'on les appelle ainsi par ironie, nous dit La Bruyère, parce qu'il

---

1. La Rochefoucauld, *Maximes*.

n'y a pas de plus grande faiblesse que d'être incertain sur les principes de son être, de sa vie, de ses sens, de ses connaissances, et quelle en doit être la fin ! »

Tout le monde n'est pas fait pour vivre en société, pour se faire aimer dans le monde et pour s'y plaire. Je connais des gens profondément instruits, excessivement aimables et spirituels dans l'intimité et qui sont stupides dans le monde; pourquoi ? Parce qu'ils ne savent pas, prétendent-ils, dire des niaiseries, feindre et mentir. Si l'on ne ment pas, l'on ne dit pas, en tout cas, la vérité, lorsqu'on veut vivre dans le monde et s'en faire aimer. Il est facile, quand on a l'anneau de Gygès que possède tout auteur, de se rendre compte des petits mensonges mondains, et de pénétrer dans les cœurs pendant que les lèvres articulent.

« Ah ! chère Madame, que je suis aise de vous rencontrer! (Quelle scie ! rencontrer partout où je vais cette harpie !)

— Quelle jolie fête et comme l'hôtesse est charmante ! (C'est un bal manqué; mais si je le disais, on m'accuserait de médisance !)

— Ravissante ! (Elle n'en pense pas un mot, ni moi non plus !)

— Vous ne dansez pas?

— Je suis fatiguée ! Voilà trois nuits que je passe au bal sans m'arrêter ! (Je ne danse pas parce qu'on ne vient pas m'inviter; c'est une méchanceté qu'elle m'a lancée, je vais la lui rendre tout à l'heure, mauvais cœur !)

— (Est-elle menteuse !) Trouvez-vous la toilette de ma fille réussie ?

— Délicieuse ! (Est-elle fagotée !) Vous ne vous décidez donc pas à la marier ?

— Oh ! elle a encore bien le temps ! Ce ne sont pas les partis qui manquent !

— Je comprends ! on a bien le temps d'être malheureuse, n'est-ce pas ? Pauvre petite ! Mais je vous assure qu'il vaut mieux marier une fille toute jeune ! (Attrape ! Voilà une épingle dans son cœur : car c'est bien son opinion, mais à l'impossible nul n'est tenu !)

— Ne parlez donc pas ainsi ! On pourrait croire que vous en avez fait l'expérience ! Vous qui êtes si heureuse !

— Oh ! c'est bien vrai ! Je suis si heureuse ! (Si elle savait !... mon mari ne me parle plus depuis huit mois !)

— C'est dommage que vous n'ayez pas de bébé !

— Oh ! ça m'est égal ! ce sont quelques années de repos !... »

Un peu plus loin, deux hommes causent ensemble.

« Eh bien ! comment vont les affaires ? Vous gagnez toujours des millions ?

— Peuh, peuh ! pas autant qu'on le dit, répond le riche banquier, qui sait combien on le jalouse. Et vous, vous lancez, dit-on, une magnifique affaire ? (Pauvre garçon ! voilà dix ans qu'il lance de magnifiques affaires, et il en est encore à gagner son premier sou !)

— Oh ! splendide ! Le premier mois, nous allons gagner un million net. Aussi, il faut voir comme nous nous installons, avenue de l'Opéra !

— (L'avenue des faillis !)

— Un entresol de quinze mille francs, cinquante mille francs de meubles : tous nos concurrents sont tués du coup ! (Hélas ! nous n'avons eu que trois lettres ce matin, en réponse à nos cent mille francs de publicité d'hier ! Mais c'est pourquoi il faut crier bien haut le contraire.) Et vous persistez à demeurer dans votre quartier impossible ? Comment pouvez-vous faire des affaires dans ces conditions ?

— Oui ! dans ma vieille baraque de maison, avec mon escalier démoli, mon plancher sale et mes meubles en sapin ! Ah ! c'est que, voyez-vous, je ne gagne pas autant d'argent que vous, moi ! je ne brasse pas des affaires par millions ! je suis un pauvre vieux aux idées anciennes ! »

Et les deux amis se séparent en se serrant la main cordialement, mais le cœur plein de fiel l'un contre l'autre.

« Mais ce n'est pas mentir ça, me dit une amie qui lit par-dessus mon épaule.

— Bah ! qu'est-ce donc mentir, selon vous ?

— Ce serait si votre blagueur cherchait à attirer l'argent de son ami dans une mauvaise affaire en connaissance de cause; ce serait, si l'amie, derrière l'autre, disait d'elle du mal qu'elle saurait faux... Mais dire ce que l'on ne pense pas, lorsque non seulement on ne fait de tort à personne, mais que l'on fait du bien à son prochain, ce n'est pas mentir selon le monde ! En vous disant que votre robe vous va bien, et que vous êtes jolie, je vous fais plaisir; si je vous disais au contraire ce que je pense, je vous affligerais, vous ne me croiriez pas, et vous m'en voudriez mortellement : nous n'y gagnerions ni l'une ni l'autre. En vous avouant que je suis malheureuse, à vous indifférente, je vous réjouirais à mes dépens sans que vous puissiez me soulager. Je fais bonne mine contre mauvaise fortune, et je sauve les apparences. Où est le mal ? Je ne dis pas que l'on ne dise jamais ce que l'on pense, et que l'on ne possède jamais une amie avec laquelle on puisse être sincère, c'est-à-dire une personne que l'on désigne, dans les relations du monde, du nom d'amie, et qui soit jolie, bien habillée et bonne; mais, lorsque ce que l'on pense n'est pas agréable à entendre, dans les relations mondaines où tout doit être aussi agréable que possible, il vaut mieux se taire. »

Comme chaque fois que l'on soulève un peu trop le voile de la vérité, j'entends nombre de réclamations.

« Oh ! Madame, vous ne croyez donc à rien ?... vous supposez donc que tout est mensonge ? » etc.

Mais non, pas du tout ; j'ai seulement avancé que dans le monde on se trouve forcément dans le cas de dire bien des choses qui ne sont pas l'exacte vérité, soit pour éviter de blesser les personnes avec lesquelles nous sommes en relations, soit pour ne pas révéler à l'indiscrétion des faits de nature à nuire à nous ou aux autres.

Il est déjà assez difficile de ne pas trop flatter ses amis, ceux qui désirent mériter ce titre.

Tant que, possédé du désir d'être aimable et de ne point être désagréable à n'importe qui, on tombe d'accord avec son interlocuteur, ce qui finit par être d'un fade écœurant, ça va bien, mais si on le contrarie, de là aussitôt des inimitiés et toute espèce de suppositions de jalousie, de ceci ou de cela. Chaque fois que j'ai voulu essayer, timidement, oh ! bien timidement, de donner un conseil demandé qui n'entrait pas dans les vues de la personne qui le demandait, alors surtout que mon opinion ne la flattait pas, j'étais repoussée avec éclat.

Un exemple pris sur le vif : la plupart du temps, quand un écrivain novice dépose un manuscrit chez un éditeur ou chez le directeur d'un journal, on le lui rend avec force compliments, quelque temps après, et on a un prétexte poli pour ne pas le lui publier; parfois on accompagne ce refus d'une foule de promesses plus belles les unes que les autres. L'écrivain est tout heureux des compliments qui lui sont faits par un éditeur. Son œuvre avait plu... il a certainement un grand talent...; seulement... il est arrivé trop tard ou trop tôt! enfin, un motif très plausible, et c'est la chance qui est contre lui, voilà tout! Si vous avez le malheur, vous intéressant au jeune auteur, de vouloir lui indiquer les côtés faibles de son œuvre encore pleine d'inexpérience, si vous voulez, dans le but de lui rendre service, lui montrer la voie qu'il devrait suivre pour arriver plus vite, aussitôt il se froisse et vous montre les nombreux défauts des autres auteurs : lui seul a des idées justes; vous, vous êtes dans l'erreur, et d'ailleurs ne lui a-t-on pas dit autre part qu'il avait produit un chef-d'œuvre? La chance seule lui manque pour arriver; du besoin de se perfectionner, il n'en parle jamais. Ce cas se présente bien fréquemment dans la vie des éditeurs et directeurs de journaux.

Mais il est une difficulté appartenant encore davantage au domaine de chacun. Vous avez une bonne amie que vous aimez bien; elle compte sur votre amitié. Elle vous confie ses ennuis, ses chagrins; vous vous apercevez qu'elle a tort, qu'elle pourrait mieux s'y prendre pour être heureuse; enfin, vous différez de manière de voir avec elle; eh bien, impossible de le lui dire sans vous voir traiter de traître, de perfide, et pis encore. Le blâme est insupportable à l'humanité. Approuver toujours, approuver sans cesse, être dans une éternelle admiration, est le seul moyen de plaire.

Pourquoi les jeunes gens n'aiment-ils pas les vieillards en général? Parce que ceux-ci se permettent de les désapprouver, de leur faire de la morale, de leur donner des leçons, par conséquent de leur dire des choses qui ne leur sont pas agréables à entendre. S'il se trouve quelques vieilles gens de condescendance plus facile, qui entrent dans leurs vues, ah! quels aimables vieillards sont ceux-là! Certes, l'indulgence envers son prochain est indispensable; il y a un abîme entre l'indulgence, la charité et la flatterie, l'adulation. Il y a surtout un abîme entre émettre son opinion, donner son avis quand on vous sollicite de le faire, ou moraliser sans cesse par esprit de domination ou de taquinerie. Ceci n'est pas du tout l'esprit de société; et, pour avoir le mérite d'être utile, on se fait souvent détester. Mais lorsque le cas vous est soumis, c'est un devoir de chercher à profiter de son influence, de la prépondérance que l'on peut avoir pour faire proéminer ce que l'on pense le plus utile; mais combien de fois celui qui demande le conseil se tourne contre son ami, et ne veut à aucun prix entendre raison !

L'esprit de société consiste, non pas dans l'hypocrisie et le mensonge, mais dans la tolérance, l'indulgence, la discrétion, la politesse, les égards. On peut toujours trouver un dîner bon, relativement, savoir faire valoir les qualités d'une réception, et en dissimuler adroitement les côtés faibles, sans être accusé de dissimulation. Excuser une amie, ne pas se montrer trop sévère et trop exigeante envers elle; faire semblant d'ajouter foi à ce qu'elle vous dit, quoique vous puissiez savoir qu'elle ne le pense pas, ou qu'elle sait que ce n'est pas, parce que vous lui évitez ainsi une humiliation, un froissement : tout cela et bien d'autres choses constituent l'esprit de société; et c'est pourquoi il est nécessaire, pour le posséder, d'être jeune et de comprendre les futilités; les gens sérieux, qui veulent aller au fond de tout et prendre à la lettre ce qu'ils voient, ne savent pas se plaire dans le monde.

LES CÉLÉBRITÉS

Les jeunes s'imaginent trop que la fortune suffit à tout, que la faveur supplée au mérite, que les richesses remplacent ou font les célébrités, et que leurs qualités ou leurs efforts ne pèsent point dans la balance de la chance.

On veut devenir riche, mais riche à millions tout d'un coup, sans efforts, sans travail, et surtout sans attendre. On connaît mieux que jamais le prix du temps, on veut profiter de la vie... et on voit autour de soi précisément beaucoup plus de ruines, d'hécatombes de fortune et d'espérances que jamais. Il ne faut plus parler à un jeune homme d'arriver à la réputation et à la fortune par droit d'ancienneté, à son tour, quand l'âge et l'expérience l'auront mûri, après avoir passé par les différents stages de sa profession. C'est *au choix*, comme on dit dans l'armée, qu'il veut arriver. C'est très bien, s'il a un mérite transcendant ; mais, s'il n'en a pas, pourquoi passer par-dessus les autres ? « Mais je serai vieux alors quand j'arriverai, répond-il ; c'est de suite que je veux jouir ! »

Alors, la plupart du temps, il abandonne la carrière dans laquelle ses parents, au prix de beaucoup d'efforts, ont essayé de le pousser, il donne sa démission s'il est militaire, ou fait partie d'un ministère, pour se jeter dans les affaires industrielles, où il espère s'enrichir en très peu de temps, sans travail, sans études; toujours l'histoire des œufs à neuf sous la douzaine! il n'y a qu'à se baisser pour en prendre; mais combien ne se relèvent pas!

Combien j'ai vu de ces hommes, qui ont ainsi brisé leur carrière afin d'aller plus vite, ne faire que dégringoler, tandis que leurs anciens collègues, qui étaient restés patients, stables, persévérants, augmentaient lentement, mais enfin augmentaient, sans user leur santé, et s'élevaient tout naturellement et honorablement à la position qu'ils avaient le droit d'ambitionner! En ne commençant pas par le haut de l'échelle on risque d'y arriver, mais en voulant s'y placer immédiatement, on est presque sûr d'en dégringoler.

A côté, au contraire, nous en voyons qui s'élèvent par le travail persévérant et doivent la fortune à leur célébrité.

Pour moi, je ne peux me lasser d'admirer les hommes de génie, et je trouve bien justifié ce surnom d'*immortels* que l'on a donné aux académiciens, et que méritent, certainement, tous les membres de l'Institut, car ils sont sûrs de vivre dans les siècles à venir, comme les maîtres de l'antiquité, dont la mémoire s'est si facilement perpétuée jusqu'à nous.

Tous ont, non un nom tout fait venant de leurs pères, mais une réputation acquise par eux-mêmes au prix d'un labeur soutenu, incessant et d'une capacité réelle ; n'en déplaise à ceux qui ont la critique facile, aigris de ne savoir sortir de leur nullité. Si l'on bat, parfois, un peu trop fort le tambour autour de ces grandes renommées, cela ne retire en rien de leur mérite, et ils n'en restent pas moins les piliers de l'intelligence humaine.

Leurs vies ne sont pas toujours exemptes de faiblesse, c'est peut-être vrai, en vertu de l'axiome qu'il n'y a pas de grand homme pour son valet de chambre ; ils mangent et ils dorment ; quelques-uns ont pris avec les années, comme nous tous sommes exposés à le faire, si nous arrivons à un âge avancé, l'aspect lourd, empâté ; ils mettent un paletot quand il fait froid, et se munissent d'un parapluie pour se garantir de la pluie : l'encens de l'éloge ne leur déplaît pas ! eh ! ce n'est pas là un grand crime ! pourquoi leur reprocher cette satisfaction d'amour-propre ? Faites-en autant qu'eux, et vous verrez si vous méprisez les compliments et les honneurs !

C'est la consolation dans le travail que ne savent pas trouver ceux qui se suicident, comme cette jeune Russe qui s'est tiré un coup de pistolet il y a quelques années, comme ce jeune lycéen qui s'est pendu au bois de Boulogne. A vingt ans, ces esprits blasés désespèrent d'arriver à rien dans la vie ! ils en voient déjà les limites, les malheureux ! Ils croient faire preuve de courage en se tuant, tandis qu'au contraire ils prouvent qu'ils n'ont pas celui de supporter la vie, et ses luttes, et ses combats. Le goût du travail leur manque, leur éducation malsaine leur a mis dans la tête de dominer, de franchir d'un seul bond, sans peine et sans dangers, sans avoir à batailler, les degrés de l'échelle sociale. Et, parce que du premier coup ils ne réussissent pas, ils renoncent, c'est plus tôt fait ! Si tous ceux à qui il arrive des déboires faisaient ainsi, je crois qu'il ne resterait pas beaucoup de vivants !

Mais, ce sont des exceptions, des accès de fièvre chaude qui se produisent, comme il se produit toujours, çà et là, des cas de maladies de tous genres sur lesquels on ne doit s'appesantir qu'à l'état de curiosités pathologiques.

TABLE

	Pages
Introduction	1

LA PHILOSOPHIE D'UNE FEMME

Tout se paye	6
Les Lendemains	10
Le Dévouement et le Devoir	14
La Goutte d'eau	21
La Manière de prendre les choses	24
L'Intérêt dans la vie	29
De la Manière de faire la charité	38
L'Expérience	54
Des Concessions	57
La Petite Bête	64
Les Crises	66
La Comparaison	70
Le Premier Mouvement	76
Compter sur soi	79
Pourquoi moi et pas un autre ?	84

	Pages
Les Revers de fortune	88
Le Passé	92
La Postérité	97
Le Respect et la Résignation	100
Être utile	108
L'Indulgence	112
L'Amour du métier	115
Le Roman et la Réalité	118

ÉTUDES ET CARACTÈRES

L'Incohérence	125
Les Indiscrets	129
Les Débrouillards	133
Les Exploiteurs et les Exploités	137
Les Bizarreries	141
Les Caractères intéressés	145
Les Pessimistes	152
Le Caractère entier	156
Trop de susceptibilité	162
L'Indépendance féminine	164
Les Caractères heureux	172
La Femme d'intérieur	176
L'Influence du physique	184
Nos Filles	190
Le Bruit qui court	195
L'Esprit du jour	199
Les Paradoxes	203

TABLE

	Pages
Le Parti pris et le Parti à prendre.	208
C'est fait pour moi !	211
De l'Émotion en public.	213
Tout change.	218
Manières d'aimer.	220
Voir et dire juste.	223
La Raison.	226
La Personnalité.	230
L'Esprit de société.	236
Les Célébrités.	248

A PARIS

DES PRESSES DE JOUAUST ET SIGAUX

Rue Saint-Honoré, 338

—

M DCCC LXXXVII

Dans le même format

BIBLIOTHÈQUE DES DAMES

Cette collection a pour but de réunir les ouvrages qui doivent le plus spécialement plaire aux Dames, et formera pour elles, à côté des grands classiques, dont elles ne doivent pas se désintéresser, une bibliothèque intime où elles pourront trouver un délassement à des lectures plus sérieuses. Comme la *Bibliothèque des Dames* ne comprendra que des ouvrages empruntés aux bons écrivains français, elle s'adresse également aux hommes, parmi lesquels elle ne pourra manquer de trouver un grand nombre d'amateurs.

Chaque volume de cette collection est orné d'un frontispice gravé à l'eau-forte. — Le tirage est fait à petit nombre, sur papier de Hollande; il y a aussi des exemplaires sur *papier de Chine* et sur *papier Whatman*.

EN VENTE

Le Mérite des Femmes, par G. Legouvé, avec préface et appendice d'E. Legouvé.

La Princesse de Clèves, de Mme de La Fayette, avec préface par M. de Lescure. 1 vol. . . . .

Les Contes des Fées, de Mme d'Aulnoy, avec préface par M. de Lescure, 2 vol. . . . . 15 fr.

Poésies de Madame Des Houllières, avec préface par M. de Lescure. 1 vol. . . . . 7 fr.

La Vie de Marianne, de Marivaux, avec préface par M. de Lescure, 3 vol. . . . . 25 fr.

Œuvres morales de la Marquise de Lambert, avec préface par M. de Lescure, 1 vol. 7 50

Souvenirs de Madame de Caylus, avec notice par J. Soury, 1 vol. . . . .

Lettres à Émilie sur la mythologie, de Demoustier, avec préface par le Bibliophile Jacob, 3 vol. . . . .

Valérie, de Mme de Krudener, publ. par D. Jouaust.

Mémoires de Madame Roland, avec préface par J. Claretie, 2 forts vol. . . . .

Éducation des Filles, de Fénelon, avec préface par O. Gréard. 1 vol. 7 50

www.ingramcontent.com/pod-product-compliance
Lightning Source LLC
Chambersburg PA
CBHW062236180426
43200CB00035B/1793